골프 손상 평가 및 재활운동 가이드
Golf Injury Assessment and Rehabilitation Exercise Guide

백형진
김용주
정찬경

골프 손상 평가 및 재활운동 가이드
Golf Injury Assessment and Rehabilitation Exercise Guide

골프 손상 평가 및 재활운동 가이드

발　행 | 2025년 03월 07일
저　자 | 백형진, 김용주, 정찬경
펴낸곳 | 예방의학사
문의처 | 010-4439-3169
이메일 | prehabex@naver.com
주　소 | 서울특별시 송파구 석촌동 150-3 B1
전　화 | 010-4439-3169
가　격 | 30,000

ISBN | 979-11-89807-54-2(93690)

*이 책은 저작권법에 의해 보호를 받는 저작물이므로 동영상 제작 및 무단전제와 복제를 금한다.
(*잘못된 책은 구입하신 서점에서 교환해 드립니다.)

저자 소개

백형진 (Ph.D 통합의학박사, DO, DN)

1. 헬스케어 웨이브 대표 & 비엠코퍼레이션 이사
2. 가천대학교 특수치료대학원 운동치료학과 겸임교수
3. 골프 트레이너 가이드 공동저자 & 골퍼를 위한 해부학과 스트레칭 및 트레이닝 공동역자

김용주 (Ph.D 통합의학박사, DO)

1. 더바른몸PT 대표
2. 한국골프과학기술대학교 골프재활 헬스케어과 겸임교수
3. 가천대학교 특수치료대학원 운동치료학과 겸임교수

정찬경 (Ph.D 체육학박사)

1. 現 한국골프과학기술대학교 골프재활 헬스케어과 학과장
2. 한양대학교 일반대학원 운동생리학 박사
3. 공군사관학교 생도대 체육학처 교수 역임

골프 손상 평가 & 재활운동 가이드

백형진
김용주
정찬경
지음.

목차

머리말

제1장. 골프 손상 평가 및 재활운동 가이드의 필요성 ··················· 1
   1. 골프 손상 평가 및 재활운동 가이드가 필요한 이유 ··················· 2
   2. 골프 부상 예방을 위한 스윙의 이해와 분석 ··················· 4
   3. 골프 재활을 위한 컨디셔닝과 부상 예방 ··················· 7
   4. 골프의 생리적 요구 ··················· 9
   5. 골프 부상과 통증 ··················· 12
   6. 골프 부상과 자세 및 중력의 관련성 ··················· 15
   7. 골프와 관련된 부상 ··················· 17
   8. 골프 부상 예방을 위한 핵심 팁 ··················· 24

제2장. 응급 처치 및 평가의 필요성 ··················· 27
   1. 골프 현장 내 부상 평가 ··················· 28
   2. 현장 외 부상 평가 ··················· 29
   3. 급성 혹은 응급 부상 조치 ··················· 32
   4. 평가 방법 ··················· 34
   5. 온열 질환 ··················· 36

제3장. 부상예방을 위한 손상 평가 및 재활운동 ··················· 38
   1. 골퍼의 부상예방을 위한 유연성의 중요성 ··················· 39
   2. 근육의 단축 검사와 근육 이완 스트레칭 ··················· 43

제4장. 골프 선수 영양 관리 ··················· 76
   1. 골프 선수 영양 관리의 필요성 및 방법 ··················· 77
   2. 경기력 향상을 위한 영양 관리 ··················· 84
   3. 시기별 영양 관리 ··················· 104
   4. 보충제 활용 방법 ··················· 109
   5. 종목 특성의 영양섭취 및 관리의 이해 ··················· 114
   6. 경기 전 / 중 / 후 수분 및 영양 섭취 가이드 ··················· 119
   7. 골프선수의 식사 및 건강관리 제안 지침 ··················· 120

제5장. 효과적인 수면전략 ··················· 121
   1. 수면(Sleep)과 회복의 중요성 ··················· 122
   2. 수면부족(Sleep Deprivation)과 운동수행능력의 상관관계 ··················· 122
   3. 효과적인 수면 관리법 ··················· 123

참고문헌

머리말

골프는 신체의 유연성과 근력, 정교한 기술이 요구되는 스포츠입니다. 하지만 많은 골퍼들이 부상의 위험을 간과한 채 반복적인 스윙과 잘못된 자세를 유지하며 경기에 임하곤 합니다. 특히 아마추어 골퍼뿐만 아니라 프로 선수들조차도 부상의 영향을 받으며, 이는 경기력 저하뿐만 아니라 장기적인 건강에도 악영향을 미칠 수 있습니다.

이 책『골프 손상 평가 및 재활운동 가이드』는 골프와 관련된 주요 부상에 대한 평가 방법을 체계적으로 정리하고, 효과적인 재활운동을 통해 부상을 예방하고 회복할 수 있도록 돕기 위해 집필되었습니다. 이를 위해 스포츠 손상과 재활 분야의 최신 연구를 바탕으로 실질적인 해결책을 제시하며, 골프 선수뿐만 아니라 트레이너, 물리치료사, 그리고 골프를 즐기는 일반인들에게도 도움이 될 수 있도록 구성하였습니다.

본 가이드를 통해 독자들이 자신의 몸 상태를 보다 정확히 이해하고, 부상을 예방하며, 건강한 골프 라이프를 유지할 수 있기를 바랍니다. 이 책이 골프를 사랑하는 모든 분들에게 실질적인 도움이 되기를 기대하며, 부상 없이 오랫동안 골프를 즐길 수 있도록 하는 데 작은 길잡이가 되기를 바랍니다.

2025년 3월 7일
저자 일동 (백형진, 김용주, 정찬경)

제1장. 골프 손상 평가 및 재활운동 가이드의 필요성

골프 손상 평가 및 재활운동 가이드

제1장. 골프 손상 평가 및 재활운동 가이드의 필요성

1. 골프 손상 평가 및 재활운동 가이드가 필요한 이유

골프는 신체의 정밀한 움직임과 반복적인 스윙 동작을 요구하는 스포츠로, 부상의 위험이 적은 운동으로 인식되곤 한다. 그러나 실제로는 많은 골프 선수와 아마추어 골퍼들이 다양한 신체 부위에서 통증과 부상을 경험하고 있으며, 이에 대한 적절한 관리와 재활운동이 필수적이다.

골프 손상의 주요 원인으로는 반복적인 스윙 동작, 부적절한 자세, 근력 및 유연성 부족, 과사용(overuse), 그리고 무리한 연습 등이 있다. 특히 허리, 어깨, 팔꿈치, 손목, 무릎 등의 관절과 근육이 주로 영향을 받으며, 이러한 부상이 지속될 경우 경기력 저하뿐만 아니라 일상생활에도 부정적인 영향을 미칠 수 있다.

이 책은 골프 손상의 유형을 체계적으로 평가하고, 손상 예방 및 재활운동 방법을 제공함으로써 골퍼들이 안전하고 효과적으로 운동할 수 있도록 돕는 것을 목표로 한다. 이를 위해 스포츠 재활 및 운동치료 분야의 최신 연구와 실무적 접근법을 반영하여, 과학적이고 실질적인 가이드를 제시하고자 한다.

골프는 단순한 스포츠를 넘어 평생 즐길 수 있는 건강한 활동이다. 하지만 이를 위해서는 적절한 신체 관리와 부상 예방이 필수적이다. 이 책이 골퍼들의 건강을 지키고, 보다 나은 경기력을 유지하는 데 유용한 지침서가 되기를 바란다.

■ 골프 손상 평가란 무엇인가?

골프 손상 평가는 골프 중 발생할 수 있는 다양한 부상의 원인과 증상을 분석하고, 적절한 치료 및 재활 계획을 수립하기 위한 과정이다. 이는 선수나 아마추어 골퍼가 경험하는 통증 및 기능 저하의 원인을 파악하는 데 중요한 역할을 하며, 효과적인 치료 전략을 마련하는 데 기초가 된다.

골프 손상 평가는 일반적으로 정형외과적 검사, 기능적 움직임 평가, 근력 및 유연성 테스트, 생체역학적 분석 등을 포함한다. 이러한 평가는 부상의 심각도를 판단하고, 개별적인 치료 및 재활 프로그램을 수립하는 데 중요한 기준이 된다.

또한, 골프 손상 평가는 단순한 부상 진단을 넘어 골퍼의 스윙 메커니즘과 신체 균형을 종합적으로 분석하여, 부상을 예방하고 경기력을 향상시키는 데 기여한다. 이를 통해 골퍼는 자신의 신체적 한계를 이해하고, 보다 안전하고 효율적인 플레이를 할 수 있도록 돕는다.

■ 골프 재활 운동이란 무엇인가?

골프 재활 운동은 골퍼들이 부상을 회복하고 경기력을 회복하기 위해 수행하는 맞춤형 운동 프로그램을 의미한다. 이 운동은 근력 강화, 유연성 향상, 균형 및 협응력 증진을 목표로 하며, 부상의 재발을 방지하는 데 중요한 역할을 한다.

골프 재활 운동은 일반적으로 손상 부위의 기능 회복을 위한 단계적 접근 방식을 취하며, 통증 관리, 가동 범위 향상, 근육 활성화, 그리고 스윙 메커니즘 조정을 포함한다. 이를 통해 골퍼는 부상의 원인을 해결하고 안전한 복귀를 도모할 수 있다.

■ 골프 재활 운동의 필요성

골프는 특정한 근육군과 관절을 지속적으로 사용하는 운동이기 때문에, 부상이 발생하면 적절한 회복 과정이 필수적이다. 만약 부상을 제대로 관리하지 않으면 부상이 만성화될 위험이 있으며, 이는 경기력 저하뿐만 아니라 일상생활에도 영향을 미칠 수 있다.

■ 통증 감소 운동 원리(Mechanisms of pain control)

• 관문 조절 통증 이론(gate control theory of pain):

통증 혹은 불편함을 느끼는 신체부위(예: 관절)에 피부 감각신경 수용기(cutaneous A-beta receptors)에 물리적인 (1) 압박, (2) 진동, (3) 스트레칭, (4) 촉감 자극을 주게되면 통증을 뇌로 전달하는 감각 신경 통각 수용기(A-delta & C fibers)의 억제 효과를 만들어 낼 수 있다. 또한, 관절과 근육 내에 있는 고유수용감각 수용기를 자극하는 가벼운 관절 움직임 운동은 뇌로 전달되는 통증 신호를 억제하는 효과가 있다. 관절 움직임과 동시에 최대 수축 대비 약 10~30% 저강도 등척성 수축 운동 또한 운동 유발 통증 감소(exercise-induced hypoalgesia)의 효과가 있다.

• 체내 오피오이드 생성 통증 이론(endogenous opioid theory of pain):

통증 혹은 불편함을 느끼는 경우 매우 낮은 강도에서의 관절 움직임 및 유산소성 운동은 뇌줄기에서 오피오이드 계열의 물질들이 생성되어 통증이 뇌로 전달되는 척수의 사이신경에 통증 억제 효과가 있다. 하향성 통증 조절 시스템(descending pain modulatory system; DPMS)라고 불리우며, 통증을 억제하는 베타엔돌핀, 엔카플린, 다이놀핀 등의 신경전달 물질들이 뇌와 척수에서 통증 신경 전달을 억제하는데 효과적이다. 통증을 경감하는데 가장 효과가 큰 운동은 저강도의 유산소성 운동이다.

골프 재활 운동의 필요성은 다음과 같다:

- **부상 회복 촉진:** 손상된 조직의 회복을 돕고, 기능을 정상화하는 데 기여한다.
- **재발 방지:** 동일한 부상의 반복을 예방하기 위해 근력과 유연성을 강화한다.
- **운동 기능 향상:** 스윙의 효율성을 높이고, 골프 경기력 회복을 지원한다.
- **맞춤 프로그램 제공:** 개개인의 신체 상태와 부상 유형에 따라 최적화된 재활 방법을 적용한다.

골프 재활 운동은 단순한 회복을 넘어 골프 퍼포먼스를 개선하고, 부상을 예방하는 중요한 과정이다. 이를 통해 골퍼들은 건강하고 지속적인 플레이를 즐길 수 있도록 한다.

2. 골프 부상 예방을 위한 스윙의 이해와 분석

골프 스윙은 어드레스(address), 백스윙(back swing), 탑스윙(top swing), 다운스윙(down swing), 임팩트(impact), 팔로스루(follow through), 피니시(finish)로 구성되며, 각 동작이 연속적으로 1.1~1.2초 이내에 이루어진다. 신체 분절의 협응과 회전 타이밍이 적절히 이루어져야 최대의 스윙 효과를 낼 수 있으며, 이를 위해 카메라 기반 동작 분석 시스템을 통해 세심한 분석이 필요하고 이를 기반으로 문제점을 찾아내는 것이 중요하다.

골프 스윙 동작 구분(출처: Australian Golf Digest)

▶ **백스윙(Backswing)**
백스윙은 골프 스윙의 첫 번째 준비 동작으로, 클럽을 뒤로 빼면서 체중이 오른발로 이동하는 과정이다. 이 단계에서 몸통과 골반은 회전하며 에너지를 축적하게 되며, 상체와 하체의 자연스러운 회전이 이루어진다. 골반과 상체의 회전이 일관되게 이루어져야만 다운스윙에서 최대의 힘을 발휘할 수 있으며, 이는 클럽의 궤적과 타격의 정확성에도 영향을 미친다.

▶ **다운스윙(Downswing)**
다운스윙은 백스윙에서 축적된 에너지를 클럽에 전달하며 공을 향해 가속하는 단계이다. 이때 체중은 오른발에서 왼발로 자연스럽게 이동하며, 상체와 하체의 움직임이 동기화되어 클럽에 최대의 가속을 부여한다. 다운스윙 시 상체와 하체의 회전이 정확히 맞물려야 공에 힘이 제대로 전달되며, 비거리와 정확성을 극대화할 수 있다.

▶ **볼 임팩트(Ball-Impact)**
볼 임팩트는 클럽이 공과 접촉하는 순간으로, 골프 스윙의 핵심 순간이다. 이 단계에서는 클럽의 속도가 최고치에 도달해야 하며, 클럽의 각도와 궤적이 공의 방향과 비거리를 결정한다. 임팩트 순간에 상체와 하체의 회전력이 적절히 연결되어야 공이 정확한 방향으로 날아가고, 힘 있는 타격이 이루어진다. 체중은 이때 왼발로 완전히 이동하며, 공을 강하게 타격할 수 있도록 준비된다.

▶ **팔로우 스루(Follow-Through)**
팔로우 스루는 임팩트 후 클럽의 움직임이 부드럽게 이어지는 과정으로, 스윙을 완성하는 단계이다. 이 과정에서 신체의 균형이 유지되어야 하며, 지나친 동작이 발생하지 않도록 조절 되어야 한다. 체중은 왼발로 완전히 이동하며, 스윙의 마무리가 안정적으로 이루어져야 한다. 팔로우 스루가 안정적으로 이루어지면 다음 동작으로 자연스럽게 연결될 수 있다.

■ 골프 스윙 동작의 생체역학적 분석

골프 스윙 동작 분석은 3차원 동작 분석 카메라와 지면반력기를 활용하여 신체의 움직임과 무게중심 이동을 종합적으로 평가할 수 있다. 이 분석을 통해 스윙의 효율성을 극대화하고 필요한 개선점을 파악할 수 있다. 아래는 골프 스윙 동작의 각 단계에서 이루어지는 생체역학적 분석이다.

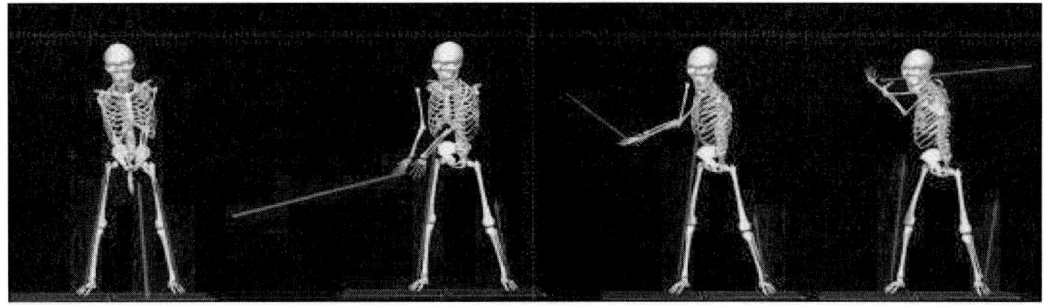

골프 백스윙 동작의 3차원 분석

▶ 백스윙(Backswing)

백스윙은 에너지를 축적하는 과정으로, 상체와 하체가 회전하며 체중이 오른발로 이동하는 것이 특징이다(그림4). 이 단계에서 골반과 몸통의 회전 각도와 속도를 기록하여 회전 효율성을 평가하며, 각 분절의 움직임을 추적해 상체와 하체가 일관되게 회전하는지 분석한다. 백스윙 각도는 선수마다 다르지만, 몸통과 골반의 협응은 필수적이다. 지면반력 분석을 통해 오른발로 체중이 제대로 이동했는지 확인하며, 충분한 체중 이동이 이루어지지 않으면 에너지가 충분히 축적되지 않아 다운스윙에서 힘을 발휘하기 어렵다. 이러한 3차원 분석을 통해 회전 각도와 체중 이동 패턴을 평가하고, 필요시 불균형을 교정하는 훈련을 제공할 수 있다.

▶ 다운스윙(Downswing)

다운스윙은 클럽이 공을 향해 가속하는 중요한 과정으로, 회전력과 체중 이동이 클럽에 효과적으로 전달되어야 한다(가운데 그림). 이 단계에서는 골반과 몸통의 회전 속도와 타이밍을 측정하여 하체에서 상체로 회전력이 자연스럽게 전달되는지 확인한다. 또한, 클럽의 가속도가 임팩트 직전 최대치에 도달하는 시점을 분석해 최적의 가속이 이루어지도록 평가한다. 오른발에서 왼발로 체중 이동 시 발생하는 지면반력을 측정해, 체중 이동이 원활하지 않을 경우, 임팩트 시 에너지 손실을 방지하기 위한 개선 방법을 제시할 수 있다.

골프 다운스윙 동작 및 볼 임팩트 순간의 3차원 분석

▶ 볼 임팩트(Ball-Impact)

볼 임팩트는 스윙에서 공에 전달되는 힘과 방향을 결정짓는 가장 중요한 순간이다(그림 1-50; 오른쪽에서 첫 번째 그림). 이때 클럽의 속도, 클럽 헤드의 각도, 그리고 몸통의 회전이 얼마나 효율적으로 이루어지는지 분석한다. 클럽이 공을 최대 속도로 타격하고, 회전 각도가 정확한지 확인하는 것이 핵심이다. 또한, 체중이 왼발로 완전히 이동했는지 평가하여 체중 이동의 적절성을 분석한다. 체중 이동이 불완전하면 비거리에 손실이 생길 수 있다. 임팩트 순간에 클럽의 속도가 최대치에 도달하고, 체중이 완전히 왼발로 이동했는지 확인함으로써 스윙의 파워와 정확성을 극대화한다.

▶ 팔로우 스루(Follow-Through)

팔로우 스루는 스윙을 마무리하며, 마지막까지 에너지를 효과적으로 전달하고 균형을 유지하는 중요한 단계이다. 이 과정에서 클럽의 궤적과 신체 균형이 자연스럽게 이어지는지를 분석한다. 안정적인 팔로우 스루는 스윙의 일관성을 높이고 부상 위험을 줄이는데 기여한다. 임팩트 후 체중이 왼발에 제대로 실려 균형이 유지되는지 확인하며, 팔로우 스루가 부드럽게 이어지지 않으면 스윙의 일관성이 깨질 수 있다. 따라서 팔로우 스루에서 균형과 클럽의 궤적이 일관되게 유지되도록 분석하고 필요한 개선점을 찾아내야 한다.

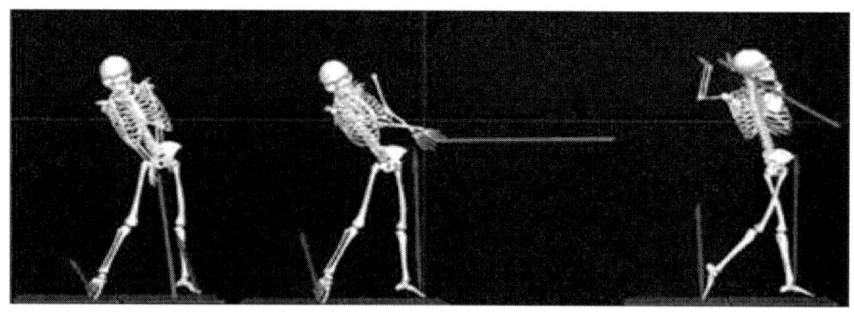

골프 팔로우 스루 동작의 3차원 분석

이러한 전문적인 역학 분석을 기반으로 하는 방법을 활용하는 것 외에도 각 부분에서 통증을 느끼거나 불편함을 호소하거나 심리적인 문제의 경우에도 적절한 평가와 재활 방법을 알아야만 골프 선수의 경기력을 회복시키거나 유지를 넘어 향상시키는 데 필수적인 과정이라고 할 수 있다.

3. 골프 재활을 위한 컨디셔닝과 부상 예방

■ 골프 손상 예방과 최적의 컨디셔닝 프로그램

많은 사람들은 골프가 부상이 적은 스포츠라고 생각하지만, 이는 잘못된 오해다. 이러한 인식은 골프에 적합한 신체를 준비하는 과정에서 소홀함을 초래하며, 결국 다양한 부상을 유발할 수 있다. 골프는 단순한 레저 스포츠가 아니라 전신을 사용하는 회전운동이며, 한 방향(one side)으로 반복적인 움직임을 수행하는 고도의 기술적 스포츠다. 따라서 신체 준비가 미흡할 경우, 골프 스윙 과정에서 근육 불균형, 관절 부담 증가, 과사용 손상(overuse injury) 등이 발생할 위험이 크다.

■ 골프의 신체적 요구 사항

골프 스윙은 정적인 움직임이 아니라 역동적인 전신 회전 동작이다. 스윙 시 클럽 헤드 스피드는 최대 160km/h에 달하며, 이는 프로야구 투수의 공보다 빠른 속도다. 또한 아마추어 골퍼도 드라이브 시 자신의 최대 근력의 약 90%에 해당하는 힘을 사용한다. 골프 스윙에는 하체의 안정성, 상체의 유연성과 근력, 코어 근육의 강한 협응이 필수적이다.

골프의 특성상 높은 운동 강도로 인해 골퍼들은 한 게임에서 40번 이상의 강한 스윙을 반복한다. 이러한 수준의 근육 활동은 프로 스포츠 선수들과 유사하지만, 프로 선수들은 지속적으로 컨디셔닝 프로그램을 수행하는 반면, 일반 골퍼들은 신체 준비를 소홀히 할 가능성이 크다. 이는 골프 부상의 주요 원인 중 하나다.

■ 잘못된 훈련 방식과 부상의 위험

컨디셔닝에 대한 과학적 이해 없이 단순한 근력 운동을 수행하면 오히려 골프 실력이 저하될 수 있다. 일반적인 보디빌딩 방식의 근력 운동은 골프 스윙에 필요한 정확한 타이밍과 신경근 적응을 고려하지 않기 때문에, 근력 향상이 경기력 향상으로 직접 연결되지 않는다. 오히려 부적절한 근력 훈련으로 인해 가동성이 감소하고, 비효율적인 스윙 메커니즘이 형성될 가능성이 있다.

골프 피트니스의 핵심은 단순히 근력을 키우는 것이 아니라, 신체의 조화로운 움직임과 기능적 능력을 향상시키는 데 있다. 특히, 다음과 같은 요소들이 고려되어야 한다.

- **기능적 근력 훈련**:
골프 스윙에 필요한 신체 부위를 통합적으로 강화하는 운동이 중요하다. 단순한 근력 증가가 아니라, 스윙 메커니즘과 연계된 근력 발달이 필요하다.

- **유연성과 가동성**:
관절의 움직임이 제한되면 골프 스윙의 효율성이 떨어지고 부상의 위험이 증가한다. 특히, 어깨, 척추, 고관절의 가동성을 확보하는 것이 중요하다.

- **코어 안정성 강화:**

스윙 중 신체의 균형을 유지하고, 하체와 상체의 힘을 효율적으로 전달하기 위해 코어 근육의 역할이 필수적이다.

- **신경근 조절 능력:**

정확한 타이밍과 조화를 이루는 움직임이 필요하므로, 신경근 적응을 고려한 훈련이 포함되어야 한다.

■ 골프 부상을 예방하는 최적의 컨디셔닝 프로그램

골프 부상을 예방하고 경기력을 극대화하기 위해서는 종합적인 트레이닝 프로그램이 필요하다. 효과적인 골프 컨디셔닝 프로그램은 다음과 같은 요소를 포함해야 한다.

▶ 기능적 운동 (Functional Training)
- 단순한 웨이트 트레이닝이 아닌, 골프 스윙과 연계된 복합 운동 수행
- 하체 안정성 및 상체 회전력을 높이는 스쿼트, 데드리프트, 로테이션 운동

▶ 균형 잡힌 근력 훈련 (Balanced Strength Training)
- 일방향(one side) 운동으로 인한 근육 불균형을 예방하기 위한 좌우 균형 훈련
- 주요 근육군(대둔근, 햄스트링, 코어, 견갑대)의 강화

▶ 유연성과 가동성 향상 (Flexibility & Mobility Training)
- 회전운동에 필수적인 척추, 어깨, 고관절의 가동 범위 확보
- 다이나믹 스트레칭, PNF(Proprioceptive Neuromuscular Facilitation) 기법 적용

▶ 코어 안정성 강화 (Core Stability Training)
- 골프 스윙 시 체간의 흔들림을 방지하고 힘의 효율적 전달을 돕는 운동
- 플랭크, 로테이셔널 메디신볼 트레이닝, 데드버그 등 수행

▶ 신경근 조절 및 감각운동 훈련 (Neuromuscular Control & Sensorimotor Training)
- 균형 감각 및 몸의 움직임 조절 능력을 향상시키는 훈련
- 싱글 레그 스탠스, 밸런스 보드 트레이닝, 반응 속도 향상 운동 적용

골프는 단순한 기술 스포츠가 아니라, 신체적 준비가 필수적인 운동이다. 제대로 된 컨디셔닝 없이 스윙을 반복하면 근육 피로도가 증가하고 관절의 부담이 커지며, 이는 부상의 원인이 된다. 따라서, 골프 재활은 근력 향상뿐만 아니라 유연성, 신경근 조절, 코어 안정성 강화까지 포함하는 총체적인 접근이 필요하다. 체계적인 트레이닝을 통해 부상을 예방하고 최상의 경기력을 유지하는 것이, 건강한 골프 생활을 지속하는 핵심 요소가 될 것이다.

4. 골프의 생리적 요구

골프는 단순한 여가 활동이 아니라, 다양한 생리적 요소가 요구되는 스포츠이다. 골프의 경기력은 높은 수준의 **기술적 숙련도**, **눈-손 협응력**, **유연성 및 가동성**, **근육 파워**, **타이밍**, **근력**, **근지구력** 등이 종합적으로 조화를 이루어야 한다. 특히, 정확한 스윙을 수행하고 안정적인 경기력을 유지하기 위해서는 신체의 여러 근육군이 반복적으로 사용되며, 신체가 부하를 견딜 수 있도록 충분한 준비가 필요하다.

■ 골프에서 요구되는 신체적 요소

골프는 스윙 동작을 중심으로 이루어지는 스포츠로, 각 동작마다 신체의 다양한 요소가 영향을 미친다. 성공적인 플레이를 위해 필요한 주요 신체적 요구 사항은 다음과 같다.

1) 눈-손 협응(Eye-Hand Coordination)
- 골프에서는 클럽을 정확하게 조준하고 공을 원하는 방향으로 보내기 위해 뛰어난 눈-손 협응이 필요하다.
- 퍼팅과 같은 정밀한 숏게임에서는 더욱 정밀한 조절이 요구된다.
- 반복적인 연습과 감각 훈련을 통해 눈과 손의 협응을 향상시켜야 한다.

2) 유연성과 가동성(Flexibility & Mobility)
- 골프 스윙은 허리, 어깨, 엉덩이 등의 관절이 광범위한 가동 범위를 필요로 한다.
- 특히 힙과 어깨의 가동성이 부족하면 스윙 시 제한이 생기며, 이는 부상의 위험을 증가시킨다.
- 스트레칭과 유연성 운동이 필수적이며, 특정한 관절 가동성 향상 운동이 필요하다.

3) 근육 파워(Muscular Power)
- 장타를 치기 위해서는 순간적인 힘(파워)이 필수적이다.
- 파워를 높이기 위해서는 빠른 근섬유(속근 섬유)의 활성화가 중요하며, 이를 위한 근력 및 플라이오메트릭 트레이닝이 필요하다.

4) 타이밍(Timing)
- 골프 스윙은 여러 근육군이 협응하여 부드러운 움직임을 만들어내야 하므로, 올바른 타이밍이 중요하다.
- 타이밍이 맞지 않으면 스윙의 일관성이 떨어지고 비거리 손실 및 미스샷 가능성이 높아진다.

5) 근력(Muscular Strength)
- 골프는 체중 이동과 함께 스윙을 수행해야 하므로 하체, 코어, 어깨, 팔 근력이 필수적이다.
- 하체 근력이 부족하면 스윙 시 균형을 유지하기 어렵고, 허리에 과부하가 걸릴 수 있다.

6) 근지구력(Muscular Endurance)
- 18홀을 플레이하는 동안 지속적으로 일정한 스윙 품질을 유지하려면 근지구력이 필수적이다.
- 골프에서는 스윙이 반복되므로, 지구력이 부족하면 후반으로 갈수록 경기력이 저하될 수 있다.
- 이를 위해 꾸준한 체력 훈련과 지구력 강화를 위한 저항 훈련이 필요하다.

■ 골프 경기 중 신체 활동 강도 및 에너지 소비

골프는 단순한 정적인 스포츠가 아니라, 중등도 이상의 신체 활동량을 요구하는 스포츠이다. 연구에 따르면, **18홀 라운드 동안 남성 골퍼는 평균적으로 약 620kcal를 소비**하며, 이는 **보통 강도의 신체적 활동**으로 분류된다. 이와 같은 에너지 소비량은 걷기, 공을 줍고, 스윙하는 동작이 누적되어 발생하며, 특히 카트를 사용하지 않고 직접 이동하는 경우 칼로리 소비량이 더욱 증가한다.

골프는 유산소 및 무산소 운동 요소를 모두 포함하고 있다.

1) 유산소 운동 요소(Aerobic Training)
- 골프를 플레이하는 동안 장시간 걷게 되므로 심폐 지구력이 요구된다.
- 18홀을 도보로 이동할 경우, 7~10km를 걷게 되며, 이는 지속적인 심폐 활동을 요구한다.
- 최소한의 유산소 능력이 부족할 경우 후반부 경기에서 피로도가 증가하고 경기력이 저하될 수 있다.

2) 무산소 운동 요소(Anaerobic Training)
- 골프 스윙은 단시간 내에 폭발적인 힘을 내야 하므로 무산소성 근육 활동이 포함된다.
- 특히 드라이버 샷처럼 큰 힘이 필요한 샷에서는 순간적인 파워가 필요하며, 이는 무산소성 에너지를 활용하게 된다.
- 근력 및 파워 향상을 위한 웨이트 트레이닝이 병행될 필요가 있다.

■ 골프 스윙과 신체 부담

골퍼가 자주 연습하는 경우, **한 번의 연습 세션에서 300번 이상의 스윙을 수행**할 수 있다. 이러한 높은 반복성은 신체의 특정 부위에 상당한 부담을 줄 수 있으며, **힙(엉덩이), 다리, 그리고 어깨**가 큰 역할을 한다.

▶ **골프 스윙은 다음과 같은 특징을 갖는다.**
- 스윙 동작은 허리 회전과 팔의 움직임이 조화롭게 이루어져야 하며, 특정 근육군에 반복적인 부담을 준다.
- 허리 및 어깨 관절의 유연성이 부족하면 부상 위험이 증가한다.
- 반복적인 스윙으로 인해 허리, 손목, 팔꿈치, 어깨에 만성적인 피로 및 염증이 발생할 수 있다.

이를 해결하기 위해서는 **유연성 훈련과 적절한 근력 트레이닝이 필수적**이다. 신체가 지속적인 부하와 운동 범위를 감당할 수 있도록 준비되지 않으면 부상 가능성이 증가하며, 경기력 또한 떨어질 수 있다.

■ 골프를 위한 신체 훈련 전략

골프를 안전하게 수행하고, 경기력을 향상시키기 위해서는 신체를 적절하게 훈련하는 것이 중요하다. 골프에서 요구되는 생리적 요소를 고려한 훈련 전략은 다음과 같다.

1) 근골격계 강화 (Musculoskeletal Strengthening)
- 코어 근력 강화: 허리 안정성을 높여 스윙 시 균형을 유지하도록 돕는다.
- 하체 근력 강화: 스윙 시 체중 이동과 균형 유지에 필수적이다.
- 어깨 및 팔 근력 강화: 스윙 속도와 임팩트의 힘을 향상시킨다.

2) 유연성과 가동성 향상 (Flexibility & Mobility Training)
- 스트레칭 및 가동 범위 개선 운동을 통해 부드러운 스윙을 유지한다.
- 특히 힙과 어깨의 가동성을 높이는 것이 중요하다.

3) 심폐 지구력 훈련 (Cardiovascular Endurance Training)
- 장시간 플레이를 위해 유산소 운동(걷기, 러닝, 자전거 타기 등)을 병행한다.

4) 역학적으로 올바른 스윙 패턴 학습
- 반복적인 스윙 훈련을 통해 효율적인 움직임을 개발하고, 불필요한 근육 피로를 줄인다.
- 골프 스윙의 핵심은 힘이 아니라 정확한 기술과 균형 잡힌 움직임이다.

골프는 단순한 기술 스포츠가 아니라 **근력, 유연성, 가동성, 지구력, 파워 및 타이밍**이 요구되는 종합적인 운동이다. 따라서, 골퍼들은 신체가 높은 부하와 운동 범위를 감당할 수 있도록 적절한 훈련을 병행해야 한다. 유산소 운동, 근력 훈련, 유연성 운동을 조화롭게 수행하면 부상 위험을 낮추고, 보다 효율적인 스윙을 통해 경기력을 향상시킬 수 있다.

5. 골프 부상과 통증

스포츠 부상(sports injury)이란 신체활동 참여로 인해 유발된 근·골격계 조직의 손상을 의미한다. 운동선수는 고강도 신체활동, 잦은 훈련, 짧은 휴식 기간으로 인해 부상에 쉽게 노출되는데, 단기적으로 운동기능이 감소하고, 장기적으로는 신체적/심리적 컨디션 저하로 심할 경우 선수 경력 단절로 이어질 수 있다.

부상은 급성과 만성으로 분류되는데, 발목 염좌와 같은 급성 부상(acute injury)은 갑작스러운 사고에 의하며, 피로골절과 같은 만성 부상(chronic injury)은 과사용(overuse)과 같은 과도한 신체활동에 따른 회복탄력성 저하로 인해 주로 발생하게 된다.

부상의 특성은 스포츠 종목별로 다르게 나타나며, 각 종목의 부상 특성(빈도, 부위, 유형, 기전, 심각도 등)을 연령별, 성별, 수준별로 분석하여 운동선수의 부상을 미리 예방하는 것은 운동선수 개인 및 팀 전체 전력 유지와 강화에 있어서 중요하다.

골프는 겉보기에는 신체적 충격이 적은 운동처럼 보이지만, 반복적인 스윙 동작과 편향된 근육 사용으로 인해 다양한 부상을 유발할 수 있다. 골프 부상은 주로 스윙 과정에서 발생하는 잘못된 자세, 과도한 근육 사용, 체력 부족, 그리고 부적절한 장비 사용 등으로 인해 나타난다. 이러한 부상은 통증을 동반하며, 이를 방치할 경우 만성적인 문제로 발전할 수 있다.

■ 골프 부상의 원인과 재발 위험

골프의 부상 발생률은 약 5~11%이며(그림 5-4), 가장 흔한 부상 부위는 허리로, 전체 부상의 약 22~34%를 차지한다. 그다음으로 손과 손목 부상이 빈번하게 발생하며, 이는 전체 부상의 약 6~32%를 차지한다.

오른손잡이 골프 선수의 경우, 허리 부상은 오른쪽에서 더 자주 발생하며, 손과 손목 부상은 스윙을 리드하는 왼손에서 발생한다. 실제로 왼손에서 발생하는 부상이 전체 손 및 손목 부상의 85%를 차지한다. 골프 선수의 허리 부상은 상지의 회전과 하지의 고정이 요구되는 스윙 동작의 특성에서 기인한다.

구체적으로, 허리 부상의 경우 요추부 추간판 탈출증과 요추부 근육 긴장이 나타나며, 손과 손목의 경우 삼각 섬유 연골 복합체 파열, 팔꿈치의 경우 과도하고 지속적인 굽힘 동작으로 내측 상과염이(골퍼스 엘보) 주로 발생한다. 반복적인 회전 운동, 비대칭인 근육 사용, 비거리 증가를 위한 과도한 스윙 속도, 그리고 불충분한 준비운동과 유연성 부족 등이 골프 선수 허리 부상의 주요 원인이다.

골프를 하면서 부상을 입게 되면, 손상의 정도와 원인을 정확하게 분석하고 적절한 치료를 받아야 한다. 하지만 많은 경우, 빠른 회복을 원하는 마음에 근본적인 원인 해결보다 일시적인 통증 완화에만 집중하게 된다. 이로 인해 문제의 근본적인 원인이 해결되지 않은 상태에서 다시 골프를 하게 되고, 결과적으로 부상이 반복될 가능성이 높아진다.

■ **골퍼들에게 흔하게 발생하는 부상 부위는 다음과 같다.**

• **허리 부상:** 골프 스윙은 허리에 강한 회전력을 요구하는데, 올바른 자세가 유지되지 않거나 근력이 부족한 경우 허리 디스크 손상, 근육 긴장, 염좌 등의 부상이 발생할 수 있다. 특히 허리는 회전력과 지지력이 중요한 부위이므로, 부상이 반복될 경우 일상생활에서도 지속적인 통증을 유발할 수 있다.

• **무릎 부상:** 스윙 동작 중 하체의 안정성이 중요하며, 스윙 시 체중이 한쪽 무릎에 집중되면서 관절에 무리가 갈 수 있다. 특히 반복적인 부하가 가해질 경우 연골 손상, 인대 염좌, 퇴행성 관절염 등의 문제가 발생할 수 있다.

• **손목 및 팔꿈치 부상:** 골프채를 강하게 휘두르거나 잘못된 그립을 사용할 경우 손목과 팔꿈치에 과부하가 걸릴 수 있다. 대표적으로 '골퍼 엘보(golfer's elbow, 내측 상과염)'가 있으며, 이는 팔꿈치 안쪽 힘줄의 염증으로 인해 발생하는 통증이다. 손목 또한 스윙 충격을 흡수하는 과정에서 염좌나 건염이 발생할 수 있다.

■ **골프 부상의 빈도 및 영향**

골프 부상은 프로 선수뿐만 아니라 아마추어 골퍼에게도 빈번하게 발생한다. 연구 결과에 따르면 골퍼들의 부상 발생률은 다음과 같다.

• 프로 골퍼의 약 30%가 경기 중 스포츠 손상을 경험한다.
• 여성 골퍼의 45~53%가 허리 통증을 호소한다.
• 골프만 하는 사람보다 골프 외 다른 스포츠를 병행하는 사람이 허리 통증을 경험할 확률이 40% 이상 높다.

종목	부상 부위	부상 유형	부상 기전	빈도 통계
골프	상지(41%) 하지(26%) 허리(29%)	힘줄 손상(21%) 인대 손상(14%) 반월판 손상(11%)	반복적인 회전동작	부상률: 5~11% 시합: 9명/1,000시간 훈련: 3명/1,000시간

■ **연령별, 성별, 수준별 부상 특징**

골프 로 선수는 아마추어보다 부상 발생률이 높으며, 허리 부상이 가장 흔하다. 그다음으로 는 손목과 손의 부상 빈도가 높다. 반면, 아마추어는 팔꿈치(43%), 어깨(19%), 허리(15%) 순으로 부상 빈도가 높다.

허리 부상은 나이가 많고 체질량 지수가 높을수록 발생 위험이 크다. 이러한 허리 부상은 반복적인 스윙 동작이 주요 원인으로 작용한다. 또한 여성이(32%) 남성(25%)보다 부상 발생률이 더 높다. 특히, 여성들은 손과 손목의 부상이 빈번하며, 허리 및 척추 부상의 경우 요추에서 41%, 경추와 흉추에서 26%의 부상 발생률을 보인다.

■ 골프 부상 예방 및 컨디셔닝의 중요성

골프 부상을 예방하고 통증을 완화하기 위해서는 단순한 치료보다 근본적인 원인을 해결하는 접근이 필요하다. 이를 위해 골프에 맞는 컨디셔닝 운동 프로그램을 적용하면 부상 위험을 줄이고 경기력을 향상할 수 있다. 컨디셔닝은 다음과 같은 방식으로 도움이 된다.

- **근력 강화:**
  허리, 코어, 하체, 어깨 근육을 강화하여 스윙 시 안정성을 높이고 부상 위험을 줄인다.

- **유연성 및 가동 범위 향상:**
  신체의 유연성을 높이면 부드러운 스윙이 가능해지고 관절 및 근육의 부담이 줄어든다.

- **스윙 메커니즘 개선:**
  잘못된 스윙 자세는 특정 부위에 과부하를 주어 부상을 유발할 수 있다. 올바른 스윙 자세를 학습하고 교정하는 것이 중요하다.

- **체력 향상:**
  장시간 골프를 치는 동안 신체의 피로도를 낮추고, 피로로 인한 부상의 위험을 줄일 수 있다.

- **회복 및 재활 운동:**
  이미 부상을 경험한 골퍼라면 부위별 맞춤 재활 운동을 통해 부상의 재발을 방지하고 정상적인 플레이로 복귀할 수 있도록 해야 한다.

골프 부상은 단순한 통증 완화로 해결되는 것이 아니라, 근본적인 원인 분석과 적절한 예방 전략이 필요하다. 반복적인 부상을 막기 위해서는 근력 강화, 유연성 향상, 올바른 스윙 자세 유지, 체력 관리 및 컨디셔닝 운동을 병행하는 것이 중요하다. 이를 통해 골퍼들은 부상의 위험을 줄이고, 보다 오랫동안 건강한 골프 라이프를 즐길 수 있을 것이다.

6. 골프 부상과 자세 및 중력의 관련성

골프는 거의 모든 관절이 작용하는 회전운동이다. 골프를 잘하기 위해선 이러한 인체회전에 대한 이해가 필요하다.

골퍼가 회전을 할 때 엄청난 중력이 척추와 척추신경에 가해진다. 누워 있을 때 척추는 5.4kg/cm에 해당하는 중력의 압력을 받지만 서 있을 때는 34kg/cm~54kg/cm 중력의 압력을 받는다. 즉, 누운 자세에서는 요추에 실리는 압력이 100이라고 할 때 서 있을 때 요추 디스크에 실리는 압력이 400, 앉은 자세에서는 560이 된다. 선 자세에서 허리를 앞으로 약간 숙이면 600, 앉은 자세에서 구부리면 840, 그리고 앉은 자세에서 심하게 구부리면 1080이나 된다.

즉. 누워있을 때 보다 서 있을 때 6배 이상 더 많은 중력 스트레스를 견뎌야 하는 것이다. 척추가 수직 축에서 움직일 때는 정상적인 움직임이 이루어지지만 수직 축을 벗어났을 경우 비정상적인 움직임이 일어난다. 물리학적 관점에서 물체에 가속력과 회전력의 전달이 있을 때 물체는 중력을 중심으로 회전이 일어난다. 이러한 회전에 영향을 받게 되는 하나의 척추는 정상적인 자세에서 벗어나게 되며 카이로프랙터가 말하는 아탈구 상태로 진행하게 된다.

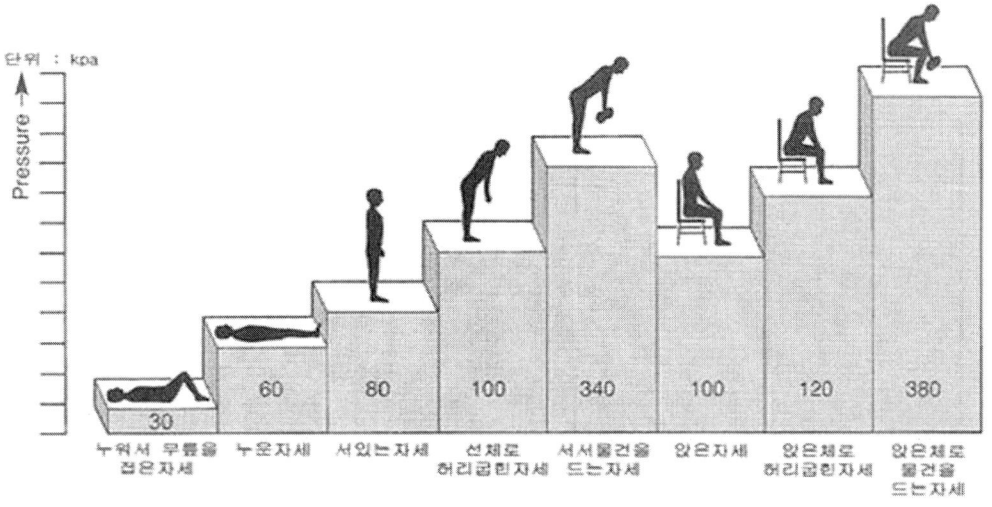

골퍼의 부정확한 자세와 정렬은 근육의 균형이 깨지면서 관절 움직임 제한이 있게 되고 결국은 효율적인 회전을 하지 못한다. 이것은 펠덴크라이스(Feldenkrais)가 인간과 동물을 비교한 내용에서 잘 나타난다. 펠덴크라이스는 동물이 두발로 서 있을 경우 머리가 앞쪽으로 기울어지면서 균형을 유지하기 위해 골반이 뒤로 물러났다고 가정했을 경우 척추를 중심으로하는 관성력은 인간처럼 수직으로 정렬되어 회전운동을 하는 것 보다 4~5배의 힘이 필요하다고 하였다. 동물에서 보듯이 수직으로 서 있는 자세가 어색하거나 매우 나쁜 자세를 유지할 경우 회전력에 지대한 영향을 끼친다. 결론적으로 바른 자세의 인체는 회전을 하기 위해 최적화된 구조로 가장 효율적으로 움직일 수 있게끔 되어있으며 이러한 구조를 잘 이용해야 골프를 잘 칠 수 있다.

골반, 허리, 머리가 수직적으로 잘 정렬되고 허리의 굴곡이 작아 근육수축이 최소화되는 자세를 잘 유지할 때 스윙의 실패가 줄어든다. 최소한의 근육 긴장이 유지되는 자세가 안정된 자세라고 할 수 있다. 이상적인 척추의 배열에서 멀어질 때, 근육은 더 큰 긴장을 유지하게 되고 골프 스윙 시 더 큰 힘을 쓰지만 골프 능력은 떨어지고 근골격계 통증을 유발하게 된다.

골프에 적용된 첨단 기술이 골프 스코어를 낮추었는가?

최근 70년 동안 골프 프로의 타수는 줄어들지 않았다. 1939년 U.S.마스터즈 챔피언십 우승자의 골프타수는 279타였는데 50년이 지난 1994년 U.S. 마스터즈 챔피언스 우승타수도 279타였고 68년이 지난 2004년 U.S.마스터즈 챔피언스 우승 타수도 279타였다.

1958년 U.S. PGA 챔피언십의 우승 타수는 276타였는데 51년 후 2009년 같은 토너먼트 경기에서 양용은의 우승 타수는 280타였으며 2010년의 우승타수는 277타였다.
1960년 스코틀랜드 챔피언십에서의 우승 타수는 278타였는데 34년뒤에 우승 타수는 281타였다.

우리나라의 경우도 크게 다르진 않다. 2001년 KPGA 선수권 대회(피닉스 파크)에서 우승타수는 266타였으나 2004년 우승타수는 273타였다.

밥 로텔라(Bob Rotella)는 그의 저서 The Golf of Your Dreams에 따르면 15년 전에도 미국 아마츄어 남자 골퍼의 핸디캡은 16.2타이고 여자 아마츄어 골퍼의 핸디캡은 29타였는데, 오늘날에도 남자 아마츄어 골퍼의 핸디캡은 16.2타이며 여자 골퍼 또한 29타이다라고 한 것처럼 첨단 골프클럽이 프로든 아마츄어든 골프 스코어를 낮추진 못했다는 것을 알 수 있다.

골프를 더 잘하기 위해 첨단 골프 클럽을 구입하고 더 많이 연습을 하고 훌륭한 프로에게 배운다면 최상의 결과를 얻을 것으로 믿고 있다. 하지만 그 이상의 어떤 것 즉, 골프를 잘 하기 위한 몸의 컨디션이 준비되어야 첨단 골프클럽이 제 역할을 할 것이고 더 나은 골프 타수를 얻을 것이며 궁극적으로는 골프 부상에서도 자유로울 수 있을 것이다.

골프는 작용과 반작용의 게임이다.
골프 공의 비행과 방향은 전적으로 다음 5가지 요소로 구성된다.

1. 클럽 페이스의 정렬(Alignment)
2. 스윙궤적(Swing Path)
3. 임팩트 순간의 각도(Angle of Attack/ Impact)
4. 스피드(Speed)
5. 스위트 스팟(Sweet Spot)

그러나 이러한 다섯가지 요소에 부합할 수 있는 신체적 준비 즉, 골프 컨디셔닝에 대해선 잘 모르고 있거나 간과하고 만다. 아무리 기술이 발달하고 훌륭한 장비가 있다 하더라도 이것을 사용하는 골퍼의 신체 능력이 준비되어있지 않다면 무용지물이 될 것이다.

7. 골프와 관련된 부상

골프는 비교적 부드럽고 우아한 스포츠로 보이지만, 반복적인 스윙 동작과 갑작스러운 힘의 전달로 인해 다양한 부상이 발생할 수 있다. 특히, 허리, 어깨, 팔꿈치, 손목 등 특정 부위에 부하가 집중되면서 근골격계 손상이 자주 발생한다. 아래에서 주요 부상들을 좀 더 자세히 알아 보자.

1) 허리 부상 예방

스포츠 현장에서 나타나는 허리의 반복적인 회전 동작, 지속적인 구부림 자세, 과한 긴장 상태 등으로 허리의 과사용 부상이 나타날 수 있다. 허리-골반을 지지하는 복부 표면의 근육과 심부 근육은 허리의 움직임을 담당할 뿐만 아니라 안정성을 함께 제공하기 때문에, 허리 부상 예방을 위해 복부의 표면과 심부 근육의 강화를 위한 코어 운동이 효과적일 수 있다. 코어 운동에 더하여, 자세 교정 및 움직임 방법에 대한 교육도 부상 예방에 효과적일 수 있다.

[허리 부상 예방 프로그램과 허리 부상 예방률]

예방 프로그램			예방률 통계
운동 종류	빈도	기간	
코어 운동(복부 표면, 심부 운동)	주 5회	12달	허리 부상 위험 55% 감소
코어 운동(복부 표면, 심부 운동)	주 2회	8주	허리 부상 위험 40% 감소
코어 운동과(복부 표면, 심부 운동) 교육(자세 교정 및 움직임 방법)	주 2회	8주	허리 부상 위험 30% 감소
코어 운동과(복부 표면 운동) 교육(자세 교정 및 움직임 방법)	하루 2회	10달	허리 부상 위험 64% 감소
코어 운동과 (복부 표면, 심부 운동) 교육 (자세 교정 및 움직임 방법)	주 1~2회	13주	허리 부상 위험 49% 감소

허리를 지지하는 코어 근육의 약화도 허리 부상을 유발할 수 있지만, 반복적인 사용과 과한 긴장 상태로 인한 주변 근육의 경직 및 단축이 허리 부상 유발할 수 있다. 따라서, 허리 주변 근육의 스트레칭과 온찜질도 허리 부상 예방에 도움을 줄 수 있다.

온도 유지나 자세의 편의를 위해 핫팩 위에 눕는다면 화상을 입을 우려가 있으니 반드시 그림과 같이 엎드린 상태에서 허리에 얹고 핫팩의 한 면이 대기에 노출되어야 한다.

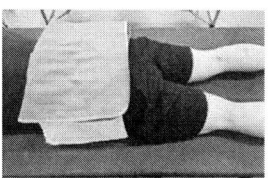

■ 요추 염좌 및 근긴장(Low Back pain & Low Back muscle strain)

백 스윙 동작에서 비교적 고정되어 있는 하체 위로 허리를 회전할 때 또는 임팩트 순간 뒤 땅을 치거나 허리의 꼬임이 풀리면서 요추의 근육과 인대에 과도한 긴장이 유발될 때 생긴다. 또한 팔로우 동작에서 역 C자로 과도하게 허리가 뒤로 꺾어질 때 허리에 무리를 주게 된다.

▶ 발생 원인
- 백스윙 시 고정된 하체 위에서 허리를 비틀 때 발생
- 임팩트 순간 클럽이 땅을 치거나 허리의 꼬임이 풀릴 때 근육 및 인대에 과도한 긴장이 가해짐
- 팔로우 스로우에서 허리를 과도하게 젖히는 동작 (역 C자 자세)

▶ 증상
- 허리 근육이 뭉치거나 통증이 있음
- 움직일 때 통증이 심해짐
- 심하면 허리를 펴거나 숙이는 것이 어려움

▶ 예방 및 치료
- 허리 근육 강화 운동 (코어 운동, 플랭크)
- 유연성 향상을 위한 스트레칭 (햄스트링, 척추 주변 근육)
- 올바른 스윙 자세 유지

■ 요추 디스크의 손상(Lumbar Disc Herniation)

백 스윙 동작에서 구부러진 허리를 회전시킬 때, 임팩트 및 팔로우 동작에서 허리를 돌리면서 펼 때 디스크의 섬유륜이 파열되거나 갈라진 섬유륜을 뚫고 디스크 안의 수핵이 탈출한다. 간혹 골프 백을 들려고 할 때나 홀에서 공을 집을 때 허리를 잘못된 자세로 구부려서 생길 수도 있다.

▶ 발생 원인
- 허리를 구부린 상태에서 회전하는 동작 (백스윙, 임팩트)
- 팔로우 스로우 시 허리를 과도하게 펴는 동작
- 골프백을 들거나 공을 줍는 잘못된 자세

▶ 증상
- 허리 통증이 심하며, 다리로 방사통이 나타날 수 있음
- 허리 숙이기가 어렵고 장시간 앉아있을 때 통증 증가
- 심하면 신경이 눌려 발 저림, 근력 약화

▶ 예방 및 치료
- 바른 자세로 골프백 들기 (무릎을 구부려 들어올릴 것)
- 허리를 안정적으로 유지하는 스윙 연습

- 허리 디스크 보호를 위한 허리 및 복부 근육 강화 운동

2) 목 부상 예방

■ 목(경추)의 긴장 및 염좌(Cervical Strain)

왼쪽 목에 증상이 있는 경우는 오른손잡이 골퍼가 백 스윙 시 머리를 고정시킨 상태에서 무리하게 왼쪽 어깨를 오른쪽으로 돌리면서 생기는 것이고, 오른쪽 목이 아픈 경우는 임팩트 순간에 오른쪽 목과 가슴의 근육에 무리한 힘을 줘서 생긴다. 반복적으로 잘못된 스윙을 할 때 왼쪽 목의 근육과 어깨 및 견갑골의 근육, 인대 및 어깨 관절에 만성적인 통증을 일으킨다.

▶ 발생 원인
- 백스윙 시 머리를 고정한 채 왼쪽 어깨를 과도하게 돌릴 때 발생
- 임팩트 시 목과 가슴 근육에 무리한 힘이 들어갈 때 발생
- 반복적으로 잘못된 스윙을 할 때 목 근육과 어깨 관절에 부담 증가

▶ 증상
- 목과 어깨 근육이 뭉치고 통증이 있음
- 목을 돌릴 때 불편함이 증가
- 만성적인 경우 어깨 및 견갑골 부위에도 통증 발생

▶ 예방 및 치료
- 부드러운 목 스트레칭 및 회전 운동
- 스윙 시 과도한 목 고정 피하기
- 어깨와 견갑골 주변 근육 강화

3) 어깨 부상 예방

어깨 관절은 빠른 속도의 반복적인 동작에 노출되어 있어 과사용 부상이 빈번하게 나타난다. 특정 동작이나 기억에 남는 유발 상황 없이 지속적인 불편감이나 통증이 발생할 수 있다. 주로 팔을 머리 위로 들어 올려 빠른 속도로 회전하는 동작이 포함된 종목에서 나타난다.

비외상성 부상인 만큼, 부상의 발생 시점과 상황 및 동작이 모호하여 부상 예방 프로그램을 실시하며, 전향적으로 부상 발생을 추적한 실제 연구 사례는 많지 않지만, 어깨 관절 근육 조직의 전체 가동 범위 내에서 근력 강화 운동 및 유연성 운동이 도움이 될 수 있다고 보고하였다.

제시한 실제 연구 사례는 예방 프로그램의 실시 후 과사용에 의한 비외상성 부상의 발생에 대한 결과뿐만 아니라, 만성적으로 어깨에 나타나는 통증의 발생에 대한 결과도 포함한다.

[어깨 부상 예방 프로그램과 어깨 부상 예방률]

예방 프로그램			예방률 통계
운동 종류	빈도	기간	
근력 운동	주 3회	10주	어깨 부상 위험 78% 감소
근력 운동	주 3회	한 시즌	어깨 부상 위험 43% 감소
근력 운동	주 3회	6 주	어깨 부상 위험 71% 감소
유연성, 근력 운동	주 3회	한 시즌	어깨 부상 위험 28% 감소

오슬로 스포츠 외상 연구 센터의 어깨 부상 예방 프로그램에서는 다섯 가지 운동 종류를 상세히 제시하고 있다. 실제로 해당 어깨 부상 예방 프로그램을 실시하여 과사용 어깨 부상을 추적한 전향적 연구에서, 핸드볼 선수의 어깨 부상 위험도가 28% 감소하였다.

[오슬로 스포츠 외상 연구 센터 어깨 부상 예방 프로그램]

운동 분류	운동 동작
어깨 안정성 운동	1. 몸통 회전 운동 2. 공 패스하며 플랭크 운동 3. 팔굽혀펴기와 발바닥 밀기 운동
어깨 가동성 운동	1. 공 들고 몸통 회전 운동 2. 동적 I자 등 근육 스트레칭 3. 동적 W자 등 근육 스트레칭
유연성	1. 어깨 후면 스트레칭 2. 파트너 어깨 후면 스트레칭
어깨 근력 운동 1	1. 탄성 밴드 Y자 어깨 들어올리기 운동 2. 탄성 밴드 활 당기기 운동 3. 탄성 밴드 어깨 내리며 버티기 운동
어깨 근력 운동 2	1. 공 들고 어깨 외회전 운동 2. 공 떨어트려 잡기 운동 3. 공 뒤로 던지기 운동

■ 어깨 회전근 충돌 증후군(Impingement Sydnrome)
　오른쪽 어깨에 생기는 경우는 백 스윙 때 어깨를 무리하게 들면서 생기고, 왼쪽 어깨에 생기는 경우는 팔로우 스로우에서 어깨를 너무 많이 들어 올릴 때 생긴다. 증상은 어깨 위쪽과 앞쪽으로 통증이 있고 어깨 끝부분에 누르면 통증(압통)이 있다. 옆으로 80-130도 구간에서 특히 통증이 심해진다. 잘 때 누웠을 때도 통증으로 어떻게 누워도 편하지 않다.

▶ 발생 원인
• 백스윙 시 어깨를 무리하게 들 때 (오른쪽 어깨)
• 팔로우 스로우에서 어깨를 과하게 올릴 때 (왼쪽 어깨)

▶ 증상
• 어깨 위쪽과 앞쪽 통증 및 옆으로 80~130도 올릴 때 통증 증가
• 누운 자세에서도 통증이 지속됨

▶ 예방 및 치료
• 어깨 스트레칭 및 가동 범위 개선 운동
• 어깨 회전근 강화 운동 (로테이터 커프)
• 스윙 시 과도한 어깨 움직임 조절

4) 팔꿈치 및 손목 및 손 부상 예방
　팔꿈치와 손목도 빠른 속도의 반복적인 동작에 노출되어 있어 과사용 부상이 빈번히 나타난다. 실제 연구를 통해 밝혀진 팔꿈치 및 손목 부상 예방 프로그램과 부상 발생률의 감소 현상은 참고할 자료가 매우 제한적이지만, 팔꿈치 및 손목 관절 주위 근육의 강화와 안정화 운동은 부상 예방에 도움을 줄 수 있다.

■ 팔꿈치 통증(Lateral epicondylitis)
　손목 및 손가락을 위로 젖히는 근육이 위팔 외측부위에 붙는 부위에 염증이 생기는 것으로 왼팔에 오는 경우는 임팩트 때 무리하게 팔꿈치를 펴는 동작을 할 때 생기고, 오른팔에 오는 경우는 팔로우 스로우에서 오른손을 무리하게 안쪽으로 돌릴 때 나타난다.

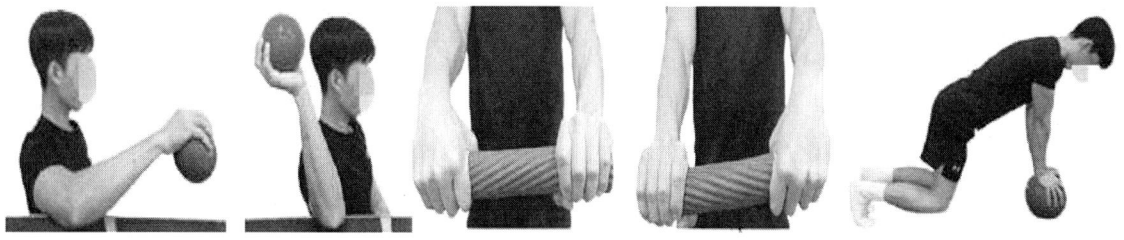

　비외상성 팔꿈치와 손목 부상은 일반적으로 근육이 붙어있는 뼈조직 혹은 힘줄에 생기는 염증이 주원인이다. 따라서 염증을 조절하는 적절한 방법을 사용하는 것도 부상 예방 전략이 될 수 있다. 염증을 조절하는 다양한 방법 중 특별한 장비나 번거로운 준비 및 처치를 요구하지 않고 통증 조절도 가능한 방법은 냉찜질이다. 그중 적용이 편한 방법은 찬물 침수와 얼음 마사지이다. 찬물 침수는

세면대나 세수대야에 팔꿈치 혹은 손목이 잠길 만큼 물을 채우고 얼음을 충분히 넣어 준비한다(그림 5-13). 물의 온도는 최소 20℃ 이하 낮을수록 체온 감소가 빠르며, 이는 얼음을 충분히 넣는다면 도달할 수 있는 온도이다.

종이컵에 얼음을 포함한 찬물을 받아 손가락 처치도 가능하다. 찬물 침수는 15~20분 정도 실시한다. 등이나 어깨와 같이 지방이 두꺼운 부위는 30분 실시한다.

얼음 마사지는 종이컵에 물을 반 정도 채워 얼리고, 종이컵의 반을 찢어 얼음을 드러낸다. 남아있는 종이컵의 부분을 잡고, 얼음을 팔꿈치 안쪽 혹은 바깥쪽 그리고 손목에 직접 댄다. 마사지를 하듯이 얼음을 눌러 문지른다. 얼음이 피부에 직접 닿기 때문에, 같은 곳에 오래 닿게 하지 않고 원을 그리며 문질러 주며 얼음이 녹아 없어질 때까지 실시한다.

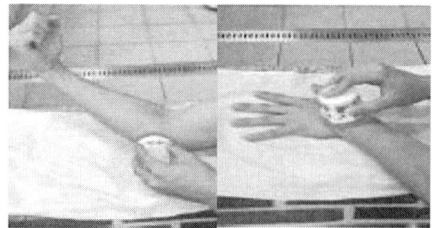

▶ 발생 원인
- 임팩트 시 팔꿈치에 과한 힘이 가해질 때 (골프 엘보: 안쪽, 테니스 엘보: 바깥쪽)
- 반복적인 손목 및 팔 사용으로 인한 근육 과부하

▶ 증상
- 팔꿈치 안쪽(골프 엘보) 또는 바깥쪽(테니스 엘보)에 통증 발생
- 손목을 사용할 때 통증 증가
- 팔을 펴거나 구부릴 때 불편함

▶ 예방 및 치료
- 손목 및 전완근 강화 운동
- 엘보 보호대 착용 및 지나친 연습 피하기

■ 손목 건염 (Wrist tendinitis)

백 스윙 때 반복적으로 손목이 엄지손가락 방향으로 꺾이면서 왼손 손목에 나타나고 임팩트 순간 뒤땅을 치거나 탑볼 등으로 충격이 심할 때 나타난다. 오른손에 생기는 경우는 백 스윙시 반복적으로 손목이 뒤로 꺾기면서 생긴다. 손목을 움직일 때 통증이 있고 삐걱거리는 느낌이 있다.

▶ 발생 원인
- 백스윙 시 반복적으로 손목이 꺾일 때
- 임팩트 순간 뒤땅을 칠 때 손목에 과부하 발생

▶ 증상
- 손목을 움직일 때 통증
- 삐걱거리는 느낌 (건염 증상)

▶ 예방 및 치료
- 손목 스트레칭 및 근력 강화
- 스윙 시 손목 사용 줄이기
- 손목 보호대 착용

■ 엄지손가락 퇴행성 관절염(Adductor pollicis Degernative Injury)
　백 스윙 시 반복적으로 왼쪽 엄지손가락이 뒤로 젖혀지면서 손가락 관절에 퇴행성 관절염이 생긴다. 프로골퍼의 경우 5년간 약 7%에서 나타난다.

▶ 발생 원인
- 백스윙 시 왼손 엄지가 반복적으로 뒤로 젖혀질 때 발생
- 프로 골퍼의 경우 장기간 지속된 스윙으로 인해 발생

▶ 증상
- 엄지손가락 관절에 지속적인 통증
- 관절이 뻣뻣해지고 움직이기 어려움

▶ 예방 및 치료
- 손목 및 손가락 스트레칭
- 그립을 너무 강하게 쥐지 않도록 조절
- 심한 경우 손목 보호대 착용

8. 골프 부상 예방을 위한 핵심 팁

■ 운동 부하 모니터링

　예방 운동뿐만 아니라 운동 부하(운동 참여 시간 × 강도)의 조절이 부상을 예방에 도움이 될 수 있다. 일반적으로, 급성:만성 운동 부하 비율의 계산은 지난 1주의 운동 부하를 지난 4주의 평균 운동 부하로 나누어 계산한다. 이를 '급성:만성 운동 부하 비율'이라고 일컬으며, 여러 연구에서 이 비율이 0.8에서 1.3 수준이 될 때, 부상 위험이 가장 낮고 1.5를 넘어갈 때 부상 위험이 증가한다고 보고하였다.

　운동 부하는 심박수, 혈중 젖산 농도, 그리고 운동 자각도와 같은 내적 부하와 훈련 시간 그리고 이동 거리와 같은 외적 부하로 수치화할 수 있다. 운동 부하를 산출할 때, 가장 합리적인 계산은 운동 자각도와 훈련 시간의 곱이다. 이는 내적 부하와 외적 부하를 모두 반영하며 특별한 장비나 비용이 들지 않는다. 방금 끝난 훈련이 얼마나 힘들었는지 0부터 10까지의 숫자 중(0: 전혀 힘들지 않다, 10: 극도로 힘들다) 주관적으로 점수를 매기고, 해당 훈련이 진행된 시간을(단위: 분) 기록하여 이 둘을 곱한 것을 운동 부하로 산출해내어 아래와 같이 계산한다.

$$\text{급성:만성 운동 부하 비율} = \frac{A}{0.25 \times (A + W2 + W3 + W4)}$$

*A는 지난 1주의 운동 부하이며 A, W2, W3, W4는 지난 4주의 운동 부하를 의미한다.

　예를 들어서, 운동 부하를 훈련 시간으로 산출하고 지난 몇 주의 운동 부하가 다음과 같다면,

일	월	화	수	목	금	토
						60분
0분	240분	120분	120분	240분	240분	0분
0분	240분	240분	240분	240분	240분	60분
60분	240분	240분	60분	120분	120분	60분
0분	240분	240분	120분	240분	240분	오늘

- 오늘로부터 지난 1주 운동 부하 (연한색): 1,140분
- 오늘로부터 지난 4주의 평균 운동 부하 (연한색+찐한색을 4로 나눈 값): 990분
- 급성:만성 부하 비율: 1,140/990 = 약 1.15

　이상과 같이 계산할 수 있으며, 위 예시에서 계산된 급성:만성 부하 비율의 수치는 부상 위험이 가장 낮은 구간이라고 볼 수 있다. 따라서, 다음 주 훈련 일정을 설정할 때 현재 상태를 유지할 수 있게끔 계획할 수 있을 것이다.

　운동 부하를 훈련 시간으로 산출하는 또 다른 예시로, 지난 몇 주의 운동 부하가 다음과 같다면,

일	월	화	수	목	금	토
						60분
0분	240분	120분	120분	240분	240분	0분
0분	240분	120분	180분	120분	120분	60분
0분	0분 (휴가)					60분
0분	240분	240분	120분	240분	240분	오늘

- 오늘로부터 지난 1주 운동 부하 (노란색): 1,140분
- 오늘로부터 지난 4주의 평균 운동 부하 (노란색+연두색을 4로 나눈 값): 750분
- 급성:만성 부하 비율: 1,140/750 = 약 1.52

이상과 같이 계산할 수 있으며, 위 예시에서 계산된 급성:만성 부하 비율의 수치는 부상 위험이 증가하는 구간이라고 볼 수 있다. 따라서, 다음 주 훈련 일정을 설정할 때 운동 부하를 낮추어 부상 위험을 낮출 수 있게끔 계획할 수 있을 것이다. 이처럼, 운동 부하를 간단한 덧셈과 나눗셈을 이용하여 모니터링하고 이를 훈련 일정을 설정할 때 효과적으로 활용할 수 있다.

■ 운동 후 정리운동(cool-down)을 통한 부상 예방 전략

운동선수는 자연적인 신체의 회복을 위한 충분한 시간이 주어지지 않은 채, 상대적으로 짧은 기간 동안 여러 차례의 훈련 또는 경기를 수행하는 상황에 놓인다. 운동-자극은 기량의 증가와 유지를 위해 반드시 필요하지만, 피로 누적 스트레스가 가해지면 호르몬의 불균형이나 대사 부산물의 축적, 근섬유의 염증, 신경 피로과 같은 다양한 신체의 변화가 나타난다. 정리 운동은 자율신경계의 변화를 유도하고, 고강도 신체활동에서 회복으로 전환하는 중요한 단계이다. 적절한 정리운동을 통해 회복을 촉진시키는 것은 운동 후 피로 누적에 의한 부상 예방에 도움을 줄 수 있다. 적절한 정리운동 적용으로 혈중 젖산 농도 감소 그리고 혈액 산성도 감소와 같이 대사 부산물의 축적이 완화되며 근육통의 감소, 피로도의 감소, 그리고 운동의 수행력이 증가되었음을 보고하였다.

[쿨다운 전략과 효과]

쿨다운 전략	효과
동적 회복	혈중 젖산 농도의 감소
동적 회복	혈액 산성도의 감소
찬물 침수	근육통의 감소
찬물 침수	피로도의 감소
찬물 침수	회복 후 다음 운동의 수행력 증가

정리운동 방법으로 일반적으로 조깅, 걷기, 스트레칭 등 훈련보다 낮은 강도(중강도 이하 정도)의 활동을 권장한다. 조깅이나 걷기는 체내 순환을 촉진시키고 정적 스트레칭은 근섬유의 재배열을 유도하여 빠른 회복에 도움을 준다. 운동으로 인해 증가한 체온(특히 팔과 다리의 근육 온도) 유지는 근육 내 염증을 지속시키기 때문에 찬물 샤워나 침수와 같은 방법으로 체온을 낮추어야 한다. 실제로 훈련 후 2~3℃의 근육 온도 증가가 일어나고, 아무것도 하지 않고 앉아서 쉬었을 때 훈련 전 체온으로 회복하는데 60분이 걸린다. 찬 물(25℃ 이하)로 10분간 샤워했을 때 훈련 전 체온으로 회복할 수 있으며, 샤워 후 찬 물에 들어가는 것은 추가적인 체온 감소로 염증 조절에 도움이 된다. 찬물 침수는 10~15℃의 온도로 15분 정도 실시할 것을 권장한다. 물은 골반, 배꼽, 그리고 흉골 높이 정도로 설정한다. 공간이 충분하다면, 찬물 안에서 걷기 등 간단한 동적 활동을 함께한다면 빠른 체온 감소 등 긍정적인 회복 효과를 기대할 수 있다. 찬물 침수는 욕조 등이 필요하므로, 공간의 제약이 존재한다면 찬물 샤워를 실시하여 유사한 효과를 취할 수 있다. 찬물 샤워 역시 10~15℃의 온도로 10분 정도 실시할 것을 권장한다.

■ 핵심 정리

▶ 올바른 스윙 자세 유지
• 허리와 손목에 부담이 덜 가는 스윙 연습
• 과도한 꼬임이나 무리한 힘 사용 금지

▶ 근력 및 유연성 강화
• 코어 근육(복부, 허리) 강화
• 어깨, 손목, 팔꿈치 주변 근육 강화

▶ 충분한 워밍업 및 쿨다운
• 라운딩 전후로 스트레칭 필수

▶ 적절한 장비 선택
• 손에 맞는 그립과 클럽 선택
• 충격 흡수가 잘 되는 골프화 착용

▶ 부상 초기 관리 철저
• 통증이 지속되면 즉시 휴식
• 냉찜질, 마사지, 재활운동 진행

  골프는 부드러워 보이지만 반복적이고 강한 힘이 요구되는 스포츠이기 때문에 부상 방지를 위한 올바른 훈련과 몸 관리가 필수적이다. 지속적으로 예방 운동을 병행하고, 통증이 발생하면 조기에 관리하는 것이 중요하다.

제 2 장. 응급 처치 및 평가의 필요성

제 2 장. 응급 처치 및 평가의 필요성

1. 골프 현장 내 부상 평가

대부분의 스포츠 손상은 생사와 관련된 응급상황으로 이어지지 않지만, 그러한 상황이 발생했을 때, 즉각적인 처치 및 치료가 매우 중요하다. 응급상황은 예상하지 못한 심각한 사건으로 즉각적인 의료적 대처가 필요한 신체적 손상으로 정의된다. '골든 타임(Golden hour)'이라 불리는 손상 후 첫 시간은 손상의 치료에 있어 가장 중요한 시기라고 제안한다. 시간이 중요한 변수일 때 손상을 입은 사람을 돕기 위한 조치는 무엇을 어떻게 해야 하는지에 대한 지식과 즉각적이며 효율적인 응급치료 방법에 기초해야 한다. 손상에 대한 초기의 치료에서의 실수는 재활 기간을 연장시킬 수 있으며, 운동선수에게는 선수 생명을 위협하는 상황을 초래할 수도 있다.

부상당한 대상자에게 적절한 급성 처치를 제공하기 전에, 부상이 발생한 경기장 또는 연습장에서 체계적인 평가를 해야 한다. 이 현장 평가는 부상의 성격을 결정하고 응급 처치 결정 과정에 방향을 제공한다. 현장 평가는 1차 검사와 2차 검사로 나눌 수 있다.

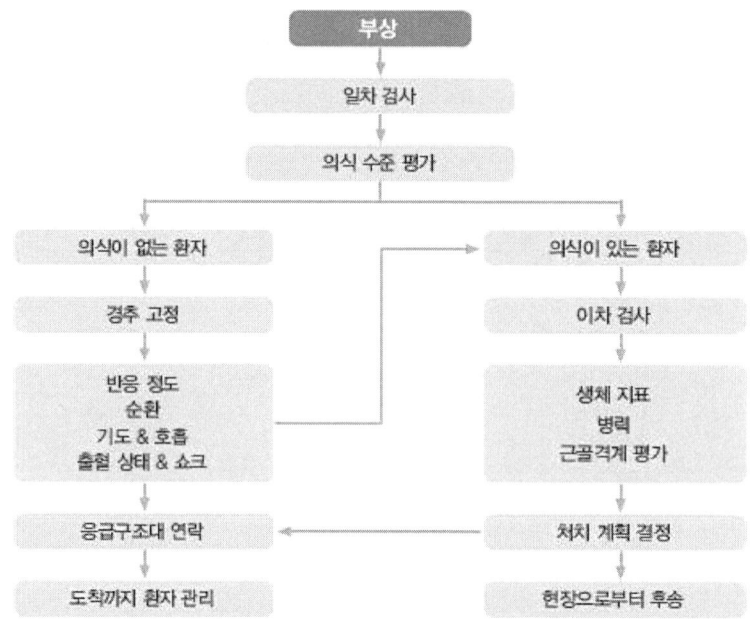

그림 18 부상 평가 흐름도

(1) 1차 검사

처음에 실시되는 1차 검사는 의식 수준, 기도, 호흡, 순환, 심한 출혈 및 쇼크와 같은 잠재적으로 생명을 위협하는 상황의 존재 여부를 결정한다. 1차 검사는 피해자 평가의 다른 모든 측면보다 우선하며 생명을 위협하는 상황을 바로잡는 데 사용되어야 한다. 생명을 위협하는 부상은 다른 모든 부상보다 우선시 되어야 한다. 생명을 위협하는 상황으로는 과다 출혈, 쇼크, 또는 심폐소생술이 필요한 상태(예: 기도 폐쇄, 무호흡 등)가 이에 해당한다. 또한 혼란 상태 혹은 무의식, 손발 양쪽의 신경손상, 촉진 유무에 관계없이 심각한 척추의 통증, 명백한 척추의 변형 등이 존재할 경우 경추손상을 의심하고 해야 한다. 생명을 위협하는 상황이 있는 대상자(예. 무의식 상태의 대상자)는 가능한 한 빨리 응급 의료 시설로 이송해야 한다. 특히 무의식 상태의 대상자는 심정지(sudden cardiac arrest)를 의심해야 하며 대상자의 기도, 호흡, 그리고 혈액 순환을 평가해야 하며 가능한 한 빨리 심폐소생술(CPR)을 수행해야 한다.

[1차 검사 무의식 상태 확인 사항]

	실신	뇌진탕	간질	열사병	쇼크
의식 수준	완전한 무의식	혼란 상태 혹은 무의식	무의식	정신 착란 혹은 무의식	무기력감 후 무의식
맥박	빠르고 약함	불규칙하고 약함	빠름	빠르고 약함	빠르고 약함
호흡	빠르고 얕음	불규칙하고 얕음	잡음 존재	어려워함	빠르고 얕음
피부	창백하고 차갑고 축축함	창백하고 차가움	검푸름, 창백함	뜨겁고 땀이 잘 안남	창백하고 차갑고 축축함
동공	양 쪽 크기 동일, 확장	양 쪽 크기 동일	양 쪽 크기 동일, 확장	양 쪽 크기 동일	양 쪽 크기 동일, 확장
마비	없음	없음	없음	없음	없음
특징	실신 전 현기증 및 비틀거림	회복 중 구토증세	혀를 깨물거나 대소변을 봄	때때로 구토증세	초기단계에서 떨림, 갈증, 이명 증세

2. 현장 외 부상 평가

현장에서 실시되는 초기 부상 평가는 부상 직후 현장에서 수행되어 생명을 위협할 수 있는 부상을 배제하고, 근골격계 부상을 평가하며, 대상자가 현장에서 어떻게 이동해야 하는지를 결정한다. 대상자가 초기 부상 현장에서 이동된 후, 운동 경기장의 흥분과 혼란에서 벗어나 보다 상세한 현장 외 부상 평가가 수행된다. 이 상세한 평가는 사이드라인, 운동 트레이닝 클리닉, 응급실 또는 스포츠 의학 클리닉에서 시행될 수 있다. 부상은 대상자가 부상을 당한 직후 급성 단계에서 평가될 수 있으며, 또는 외상성 부상 후 몇 시간 또는 며칠이 지나서 평가될 수도 있다.

(1) 병력, 관찰, 촉진, 특수검사(HOPS principle)

평가 계획은 네 가지 넓은 범주로 나뉜다: 병력(History), 관찰(Observation), 촉진(Palpation), 및 부상의 정도에 대한 추가 정보를 제공하는 여러 특수 검사들(Special Tests). 이는 때때로 HOPS 형식이라고 한다. HOPS는 기존의 부상이나 질병에 대한 정보를 수집한 다음, 문제의 원인이 무엇일지를 결정하는 과정이다. 평가 과정에서 사용할 수 있는 몇 가지 단계와 기법에 대한 개요는 다음과 같다.

■ 병력(History)

부상의 병력에 대한 가능한 많은 정보를 얻는 것은 부상 평가에서 가장 중요한 측면 중 하나이다. 부상이 발생한 경과(부상 메커니즘)를 이해하고 대상자의 불만 사항과 주요 질문에 대한 답변을 듣는 것은 부상의 정확한 본질에 대한 중요한 단서를 제공할 수 있다. 병력을 취할 때 대상자의 설명을 들으면서 관찰하는 것은 괜찮지만, 대상자가 발생 경위와 느낌을 설명할 때는 촉진을 하지 않아야 한다.

■ 관찰(Observation)

검사는 병력을 통해 얻는 지식과 이해 외에도 일반적인 관찰을 통해 대상자의 주요 불만을 파악한다. 관찰되는 사항은 종종 대상자의 불만에 의해 수정된다.

[현장 외 부상 평가 확인 사항]

평가	항목
병력	현재 부상이 어떻게 되는가?
	부상 발생 상황이 어떻게 되는가?
	언제, 어떻게 발생했는가?
	부상 유발 동작은 어떻게 되며, 부상 당시 소리나 감각이 있었는가?
	부상의 위치는 어떻게 되는가?
	통증의 특성은 어떻게 되는가?
	날카롭고 타는 느낌인가? (신경 통증)
	국소적으로 찌르는 듯한 느낌인가? (뼈 통증)
	다른 부위로부터 방사된 느낌인가? (혈관 및 근육 통증)
	활동 중 통증이 줄어드는가? (만성 통증)
	관절의 부상인가?
	관절이 잠기는 느낌이 드는가?
	관절이 안정적이지 못하고 열리거나 돌아가는 느낌이 드는가?
	부상이 급성 혹은 만성인가?
	이전의 부상 혹은 병력이 있는가?

■ 촉진(Palpation)

촉진의 두 가지 영역은 뼈와 연조직이다. 선수트레이너는 매우 가벼운 압력으로 시작한 다음, 점진적으로 더 깊은 압력을 가하며, 일반적으로 불만이 있는 부위에서 멀리 떨어진 곳에서 시작하여 점차적으로 가까운 쪽으로 이동한다.

■ 특수 검사(Special tests)

특수 검사는 비부상 측에서 시작하여 양쪽을 비교하여 "정상"이 무엇인지와 부상 부위가 어떻게 느껴지는지 비교해야 한다. 골절이 의심되는 경우 관절을 움직이거나 스트레스를 주지 말아야 한다. 움직임 평가관절 또는 연조직 병변이 있을 경우, 대상자는 움직일 때 통증을 호소할 가능성이 크다.

[현장 외 부상 평가 확인 사항(계속)]

평가	항목
관찰	명백한 신체의 변형이 있는가?
	명백한 신체의 비대칭이 있는가?
	대상자의 움직임은 어떤가?
	탈구나 골절과 같은 비정상적인 돌출부위나 덩어리가 보이는가?
	절뚝거림이 있는가?
	특정 신체 부위를 움직이지 못하는가?
	운동 시 신체에서 비정상적인 소리가 들리는가?
	특정 부위에 부종, 열감, 혹은 발적이 있는가?
	특정 부위에 변색이 있는가?
촉진	뼈의 촉진 (부상 부위와 비부상 부위를 모두 촉진하고 비교) 관절의 비정상적인 간격 뼈 위치의 부어오름 제대로 정렬되지 않은 관절 비정상적인 돌출부
	연조직의 촉진 (부상 부위와 비부상 부위를 모두 촉진하고 비교) 조직의 부어오름, 덩어리, 간격 조직의 긴장도, 질감의 차이 근육의 비정상적인 긴장 및 온도 변화 근육의 비자발적인 경련이나 떨림 비정상적 피부 감각 (감각 감소, 감각 증가, 무감각)
특수검사	능동적 가동 범위 (선수가 스스로 부상 부위 혹은 그 주변 관절을 움직임) 움직임의 질은 어떤가? 움직임의 범위는 어떤가? 위아래, 앞뒤, 좌우에서 움직임은 어떤가? 다양한 속도에서 움직임은 어떤가?
	수동 근육 검사 (저항을 주고 선수가 그 저항을 버팀) 예시) 팔꿈치를 90도로 구부리고 이를 유지하게 한 뒤, 팔꿈치가 펴지는 힘을 가하여 버티게 한다. 이때, 비부상 측에서 보인 버티는 정도와 부상 측에서 보인 버티는 정도를 비교한다. 5점: 정상. 중력에 대하여 스스로 움직일 수 있으며 100%의 외부 힘에 저항 4점: 중력에 대하여 스스로 움직일 수 있으며 적당한 외부 힘에 저항 3점: 중력에 대하여 스스로 움직일 수 있지만 외부 힘에 저항 불가 2점: 중력에 대한 저항이 제거되면 스스로 움직일 수 있음 1점: 관절의 움직임은 없고 약간의 수축 정도만 보임 0점: 수축이 완전히 없음
	수동적 가동 범위 (검사자가 부상 부위 혹은 그 주변 관절을 움직임)
	관절 끝 지점 검사 (가동 범위 끝 지점의 느낌 검사)
	연조직 정상: 부드럽고 스폰지 같은 느낌, 통증이 없이 점진적으로 정지
	관절 정상: 단단하며 견고한 느낌, 약간의 유연성
	뼈 대 뼈 정상: 두 개의 단단한 표면이 접촉할 때 뚜렷한 끝 지점 느낌
	근육 정상: 약간의 불편함을 동반하는 스프링 같은 느낌
	비정상: 무엇인가 비어있는 느낌, 과도한 움직임, 통증에 동반되는 근육의 비자발적 수축 느낌

3. 급성 혹은 응급 부상 조치

(1) 출혈에 대한 조치

비정상적인 혈액 배출을 출혈이라고 한다. 출혈은 정맥성, 모세혈관성, 동맥성으로 구분 되며 외부적일 수도, 내부적일 수도 있다. 정맥혈은 특징적으로 어두운 붉은색을 띠며 지속적 으로 흐르고, 모세혈관 출혈은 조직에서 배출되며 붉은색을 띤다. 동맥 출혈은 주기적으로 흐 르며 밝은 붉은색을 띤다.

■ 외부 출혈

외부 출혈은 찰과상, 절개, 열상, 천자 및 박리와 같은 열린 피부 상처에서 발생한다. 열린 골절에서도 발생할 수 있다. 외부 출혈의 조절에는 직접 압박, 거상, 압박 점의 사용이 포함 된다.

■ 직접 압박

압박은 멸균 거즈 패드 위에 손으로 직접 가해진다. 압박은 뼈의 저항에 대해 단단히 가해 진다.

■ 거상

거상과 직접 압박을 병행하면 외부 출혈을 줄이는 데 추가적인 방법이 된다. 출혈이 있는 부분을 중력에 맞서 들어 올리면 정수압 혈압이 감소하고 정맥 및 림프 배수가 원활해져 출혈 이 느려진다.

■ 압박점

직접 압박과 거상으로 출혈이 느려지지 않는 경우, 압박 점을 사용하는 것이 선택 방법이 될 수 있다. 발등, 오금, 허벅지 앞쪽, 사타구니, 손목, 위팔 안쪽, 쇄골, 목, 얼굴, 그리고 관자 놀이 압박점이 있다

가장 흔히 사용되는 두 가지는 상지의 위팔 동맥과 하지의 허벅지 동맥이다. 상완 동맥은 위팔의 안쪽에 압박하고, 대퇴 동맥은 사타구니(허벅지 삼각 내)를 압박한다.

(2) 피부 상처에 대한 조치

외상성 피부 손상은 일반적으로 피부 상처라고 불리며, 스포츠에서 매우 흔하게 발생한다. 마찰 상처, 찔린 상처, 찢긴 상처, 베인 상처, 박리 상처, 부딪힌 상처 등이 일상적으로 발생한다.

[피부 상처 종류]

상처 종류	특징
마찰 상처	피부가 거친 표면에 긁힐 때 발생 피부 상층이 마모되어 혈관이 노출될 수 있고 감염의 위험이 높음 상처 세척 및 제거 후 드레싱 실시
찔린 상처	신발의 스파이크와 같은 날카로운 물체에 찔려 발생 조직에 직접 침투되므로 감염 위험이 높음 (파상풍균 등) 상처 세척 및 제거 후 드레싱 실시
찢긴 상처	날카롭거나 뾰족한 물체에 조직이 찢겨 발생 마찰 상처와 마찬가지로 감염의 위험이 높음 상처 세척 및 제거 후 드레싱 실시
베인 상처	칼이나 유리조각 등에 베여 발생 찢긴 상처와 유사하지만 절단이 매끄러움 상처 세척 및 제거 후 드레싱 실시
박리 상처	피부가 몸에서 찢어질 때 발생 일반적으로 심각한 출혈이 발생 박리된 조직은 식염수를 적신 거즈로 감싸고 방수백에 넣음 얼음물 등으로 낮은 온도를 유지한 채 의사에게 전달
부딪힌 상처	피부에 갑작스러운 압축성 힘이 가해질 때 발생 표면 혈관의 파괴로 인해 검고 푸른 변색이 발생 휴식, 냉찜질, 압박 및 거상

잔해 및 세균을 상처 부위에서 제거하는 것이다. 상처 제거는 감염 위험을 줄이고 치유가 진행될 수 있는 적절한 환경을 조성하기 위해 가능한 한 빨리 수행해야 한다. 가장 일반적인 방법으로 습윤-건조 방법이 있다. 생리식염수나 수돗물로 미리 적신 거즈를 상처 부위에 직접 놓고 몇 분에서 몇 시간 동안 그 자리에 두고 완전히 건조되기 전에 제거한다. 이 기법은 상처 부위에서 잔해, 괴사 조직, 그리고 딱지를 빠르게 제거할 수 있다.

(3) 물집에 대한 조치

물집은 반복적인 신체 활동에서 주요한 피부 문제 중 하나다. 피부에 작용하는 반복적인 압박 및 마찰은 표피 아래나 표피 내에 체액이 모인 부풀어 오른 영역을 생성한다. 물집은 특히 조정, 농구, 미식축구 및 원반 던지기와 같은 트랙 및 필드의 중량 이벤트와 관련이 있다.

물집이 형성되면 대상자는 피부 조직에 날카롭고 타는 듯한 감각을 느끼게 된다. 치료를 하기 전에 감각이 있는 부위를 즉시 검사해야 한다. 물집은 크게 두 가지 형태로 형성될 수 있는데 피부 표면에 투명한 액체를 포함한 형태 혹은 혈액이 포함된 혈물집이 형성될 수 있다. 특히, 혈물집은 깊은 조직이 파괴되어 혈관이 파열된 결과이므로 더 신중한 관리가 필요 하다.

물집형성을 피하기 위해서는 비정상적인 마찰을 최소화 하거나 피해야 한다. 반복적인 마찰이 일어나는 부위에 타르 가루를 뿌리거나 바세린을 바르는 방법이 있으며 발에 형성되는 물집을 피하기 위해서는 튜브형 양말을 착용하는 것이 바람직하다. 발에 과도한 땀이 나는 사람은 수분 흡수 양말을 착용하는 것이 바람직하다. 물집 관리법은 아래와 같다(표5 -17).

[물집 관리법]

	폐쇄성 물집 (체액이 피부 아래에 고여 있는 물집)
관리법	* 물집이 활동에 영향을 주지 않는다면 그대로 둔다. 이때, 마찰을 줄일만한 패드를 덧대면 좋다. * 물집이 활동에 영향을 준다면, 제거한다. 1. 물집 부위와 주변 부위를 소독된 거즈나 천으로 소독한다. 2. 채혈침과 같은 뾰족한 장비를 깨끗이 소독하고 물집 부위에 작은 구멍을 뚫는다. 3. 물집의 체액을 제거하고 물집이 잡힌 피부 영역을 제거한다. 4. 드러난 피부 영역을 세척 및 소독하고 드레싱을 발라준다.

4) 뇌진탕

뇌진탕은 심할 경우 사망에 이를 수 있다. 뇌 손상은 흔히 미식축구, 축구, 라크로스, 복싱, 아이스하키, 레슬링과 같은 충돌 또는 접촉 스포츠에서만 발생한다고 생각하지만 다양한 비접촉 스포츠에서도 발생한다고 연구되고 있다. 머리 또는 얼굴에 직접적으로 충격이 가해지거나 비정상적인 활동으로 인해 머리가 앞, 뒤, 또는 측면으로 흔들리는 경우, 뇌 손상이 있는지 신중히 평가해야 한다. 뇌진탕은 방향 감각 상실 또는 기억 상실, 운동 및 협응 또는 균형 장애, 인지 장애, 드물게는 의식 상실을 초래할 수 있다. 뇌진탕의 우선 응급 처치는 항상 생명을 위협하는 상태, 특히 호흡 정지를 다루어야 한다. 의식이 없는 대상자를 평가할 때 항상 경추 부상을 의심하고 상황에 맞게 관리해야 한다. 생명을 위협하는 상태가 없을 경우, 대상자가 의식을 되찾는 시간을 기록하고 대상자가 의식을 회복할 때까지 움직이지 말아야 한다.

4. 평가 방법

■ 병력(History)

병력의 주요 목적은 대상자가 실제로 뇌진탕을 겪었는지를 확인하는 것이다. 뇌진탕을 겪은 대상자는 뇌진탕의 원인에 대해 정확히 어떤 일이 있었는지 답하지 못할 수도 있다. 그럼에도 불구하고 아래 표에서 제시한 병력검사를 시행해야 한다. 뇌진탕으로 인해 손상을 받을 수 있는 머리와 목 부위의 병력 검사가 끝난 후, 역행성 기억 상실(과거의 사건 기억 여부)과 전향성 기억 상실(부상 후 사건 기억 여부)에 대한 검사도 시행해야 한다.

■ 관찰(Observation)

뇌진탕이 의심되는 선수가 있을 때 아래 표에서 제시한 관찰을 시행하여 머리와 목 부 위의 변형을 확인하는 것이 우선시 되어야 한다. 또한 대상자의 인지기능을 관찰하면서 부상의 심각성을 파악할 필요가 있다.

[뇌진탕 평가(관찰)]

관찰	대상자가 혼란스러워하며, 장소, 시간, 날짜, 상대의 정보에 대하며 말하지 못하는지?
	대상자가 멍한 표정을 짓거나 눈을 제대로 뜨지 못하는지?
	대상자의 말이 불분영하거나 일관성이 없는지?
	대상자가 말이나 운동 반응이 지연되는지?
	대상자가 비틀거리거나, 직선으로 걷기 어렵거나, 손가락을 코에 대기 어려워하는지?
	대상자가 주의를 집중할 수 없고 산만해 보이는지?
	대상자가 같은 질문을 반복하거나 무슨 일이 있었는지 기억 결핍을 보이는지?
	대상자의 인지 기능이 정상적인지?
	대상자가 정상적인 감정 반응을 보이는지?
	대상자의 감정이 비정상적이었던 시간을 얼마나 되었는지?

■ 촉진(Palpation)

뇌진탕이 의심될 경우 부상당한 선수의 목과 두개골 모두를 체계적으로 촉진하여 통증이 있는 지점이나 변형된 부분을 확인해야 한다. 구조물의 변형은 골절의 존재를 나타낼 수 있으며 즉각적이고 고급 의료 처치가 필요하다.

■ 특별 검사(Assessment tools)

① 균형 검사(롬버그 테스트)

뇌진탕 대상자가 부상 후 서 있을 수 있으면, 롬버그 테스트를 사용하여 정적 균형을 평가한 다. 검사자는 대상자에게 눈을 감고 두 팔을 옆에 놓고 똑바로 서 있도록 한다. 한쪽으로 흔들리거나 넘어질 경향이 있으면 롬버그 양성으로 간주되어 감각 상실을 나타낸다. 양성 반응은 환자가 흔들리기 시작하거나 눈을 감을 수 없거나 균형을 잃는 경우이다. 또한 검사의 난이도를 높이기 위해서 일렬서기자세(두 발이 일렬이 되도록 앞뒤로 놓고 선 자세)를 하거나 메모리폼을 이용할 수 있다.

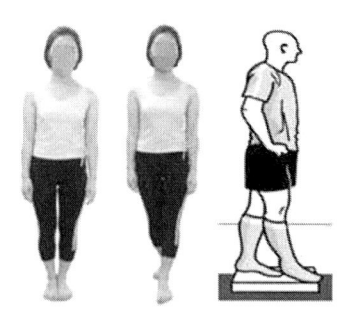

롬버그 테스트

② 균형 오류 점수 시스템(Balance Error Scoring System, BESS)

이 테스트는 세 가지 다른 자세(이중, 단일, 그리고 탠덤)를 두 번 수행하며, 한 번은 단단 한 표면에서, 한 번은 메모리폼에서 수행하여 총 여섯 번의 시험을 진행한다. 대상자에게는 손을 허리에 올리고 필요한 자세를 취한 다음, 20초 동안 눈을 감도록 요청한다. 대상자가 균형을 잃으면 자세조정을 하고 가능한 빨리 시작했던 자세로 돌아오도록 지시한다. 대상자가 균형을 잃을 때마다 1점씩 부여하여 수행 결과를 평가한다. 대상자가 5초 이상 자세를 유지할 수 없는 경우 수행이 불가능한 상태로 간주하며 최대 오류 점수 10점을 부여한다.

③ 협응 검사(Coordination tests)

뇌진탕이 협응력에 영향을 미쳤는지를 확인하기 위해 여러 가지 검사가 사용된다. 대상자가 손가락을 자신의 코에 정확히 대었다가 검사자의 손가락 끝에 정확히 댈 수 있는지, 대상자의 한쪽 뒤꿈치를 다른쪽 무릎에 대고 위 아래로 움직일 수 있는지 확인해야 한다. 이러한 검사 중 어느 하나라도 수행할 수 없는 경우, 이는 소뇌 손상을 나타낼 수 있다.

④ 인지 검사(Cognitive tests)

인지 검사의 목적은 뇌진탕이 다양한 인지 기능에 미치는 영향을 평가하고 대상자의 상태와 개선 상황을 객관적으로 측정하는 것이다. 인지 검사는 필드에서의 신경학적 검사 일부로 수행될 수 있다. 전통적으로 사용되는 필드에서의 인지 검사에는 100에서 7씩 거꾸로 세기, 단어를 거꾸로 쓰기, 월을 역순으로 나열하기 등이 포함된다. 최근 기억 검사(게임 점수, 지난주 승자, 아침 식사 내용, 세 단어 회상)도 간단한 인지 검사로 사용할 수 있다.

5. 온열 질환

온열질환은 여러 가지 이유로 체온이 상승한 상태를 말한다. 오랜 세월 동안, 온열 질환은 중고등학교, 대학 및 프로 선수들에게 여러 차례 사망을 초래했다. 따라서 코칭 스태프는 온도와 습도 요소에 대한 지식을 갖추는 것이 매우 중요하며 열 관련 질병의 임상 징후와 증상을 인식하고 적절히 관리할 수 있어야 한다.

신체 조건이 어떻든 간에, 운동선수는 더운 습한 날씨에서 운동할 때 극도의 주의를 기울여야 한다. 극심한 더위에 장기간 노출되면 열 질환이 발생할 수 있다. 열 스트레스는 예방할 수 있음에도 불구하고 매년 많은 운동선수들이 열과 관련된 질병으로 고통받거나 사망한다. 열 관련 질병은 대개 더운 습한 맑은 날씨에서 발생하지만, 추운 환경에서 훈련을 할 때에도 탈수되거나 땀을 통해 열 발산이 이루어지지 않으면 열 스트레스에 노출될 수 있다.

(1) 열경련

운동 중에 열경련이 발생하면 선수는 극심한 근육 경련을 경험할 수 있다. 주로 종아리와 복부에서 발생하지만 모든 근육에서 나타날 수 있다. 다른 증상으로는 통증, 탈수, 갈증, 발한, 또는 피로가 포함될 수 있다. 열경련의 발생은 수분 부족 및 전해질 불균형보다는 근육 과부하와 피로에 따른 신경근 조절의 변화로 인해 발생할 가능성이 더 높다. 따라서 운동 중 피로와 과도한 훈련 강도를 피하는 것이 신경근 조절 변화의 가능성을 줄일 수 있다. 운동 관련 근육 경련의 즉각적인 치료에 대한 최신 권장 사항은 스포츠 음료와 같은 수분 섭취와 함께 경련이 있는 근육에 대해 부드럽고 장기간 스트레칭과 얼음 마사지이다. 근육 경련을 경험한 운동선수는 나머지 시간 동안 연습이나 경기에 돌아가기가 어려울 수 있으며, 경련이 훈련 재개와 동시에 재발할 가능성이 높기 때문이다.

(2) 열탈진

운동성 열탈진은 환경적 열 스트레스와 격렬한 신체 운동으로 인해 발생하는 열 질환의 중등도 형태이다. 운동성 열탈진에서는 운동선수가 탈수 상태에 이르게 되어 적절한 심박출량을 유지할 수 없게 되며, 이로 인해 격렬한 운동을 계속할 수 없다. 열탈진의 특징은 경미한 고열로, 체온이 약 40.5℃ 이하로 나타나며 중추 신경계(CNS) 기능 장애는 일어나지 않는다. 열탈진을 경험하는 운동선수는 탈수 및/또는 전해질 고갈의 징후와 증상을 보인다. 증상으로는 창백한 피부, 과도한 발한, 구역질, 구토, 또는 설사를 동반한 복통, 두통, 지속적인 근육 경련, 그리고 협응력 상실과 어지러움이 포함된다. 열탈진이 있는 운동선수는 즉시 경기를 중단하고 그늘이나 에어컨이 있는 곳으로 이동해야 한다. 과도한 옷이나 장비는 제거하고, 선수는 누워서 다리를 올려놓아야 한다. 냉각 작업은 체온이 약 38.9℃로 낮아질 때까지 계속되어야 한다. 선수가 구역질이나 구토를 하지 않는다면 물이나 스포츠 음료로 즉시 수분 보충을 시작해야 한다. 만약 선수가 구강으로 액체를 섭취할 수 없다면, 의사가 정맥 내 수액 대체를 시작해야 한다. 같은 날 다시 활동에 참여하는 것은 권장되지 않으며 피해야 한다.

(3) 열사병

운동성 열사병은 열 경련과 운동성 열탈진 보다 훨씬 심각하고 생명을 위협하는 응급 상황이다. 열사병은 열 질환 중 가장 심각한 형태로, 격렬한 신체 운동과 증가된 환경적 열 스트레스에 의해 유도된다. 또한 열사병은 중추 신경계(CNS) 기능 장애를 유발하며 매우 높은 체온으로 인해 조직손상이 수반되는 것이 특징이다. 체온이 상승하면 극단적인 순환 및 대사 스트레스가 발생하여 심각한 생리적 기능 장애를 초래할 수 있으며, 이는 궁극적으로 사망에 이를 수 있다.

임상적으로는 의식 변화, 발작, 혼란, 감정적 불안정, 비합리적 행동, 또는 정신적 예민성 감소와 같은 CNS 기능 장애를 동반한 갑작스러운 실신으로 특징지어진다. 대상자는 얼굴이 붉어지고 피부가 뜨거워지며, 대개 75%의 경우에서 발한이 있지만 열탈진보다 발한이 적은 경우도 약 25% 존재한다. 다른 증상으로는 얕고 빠른 호흡, 빠르고 강한 맥박, 구역질, 구토, 또는 설사, 두통, 어지러움, 또는 약화, 혈압 저하, 탈수가 포함된다. 열사병 대상자는 지나치게 높은 체온으로 인해 체온 조절 기전이 붕괴하며, 몸의 열을 발한을 통해 방출할 수 있는 능력을 상실한다. 열사병으로 인한 사망 가능성은 피해자의 체온을 실신 후 30분 이내에 약 38.9℃ 이하로 낮추면 상당히 줄어들 수 있으며 이 상태를 관리하는 핵심은 적극적이고 즉각적인 전 신 냉각이다. 선수의 목까지 찬물 목욕(약 2~15℃)에 담그고 체온이 떨어질 수 있도록 한다. 만약 찬물에 담글 수 없다면, 선수를 차가운 물로 닦고 수건으로 부채질하거나, 목과 주요 동맥 부위에 얼음주머니를 올릴 수 있다.

열사병 대상자의 치료에서 가장 중요한 부분은 현장에서 신속한 냉각으로 체온을 과 의료 감독 후에 병원으로 이송하는 것이다. 우선 체온을 약 38.9℃로 낮춘 후 이송하는 것이 좋다. 운동성 열사병 후에는 증상이 사라질 때까지 운동을 피하고, 의사의 승인을 받은 후 점진적으로 전면적인 훈련에 복귀해야 한다. 만약 즉각적인 치료가 30분 이상 지연되면, 대상자는 사건 후 몇 달 또는 몇 년 동안 잔여 합병증을 경험할 수 있다. 모든 경우에, 7~21일의 휴식 기간과 의사의 승인을 받은 후에는 점진적으로 신체 활동을 재개할 수 있으며, 기후가 온화한 환경에서 장비를 점진적으로 추가해야 한다. 진행 가능성은 대상자가 훈련 중에 어떤 부정적인 증상을 경험하는지에 따라 크게 달라진다.

제 3 장. 부상예방을 위한 손상 평가 및 재활운동

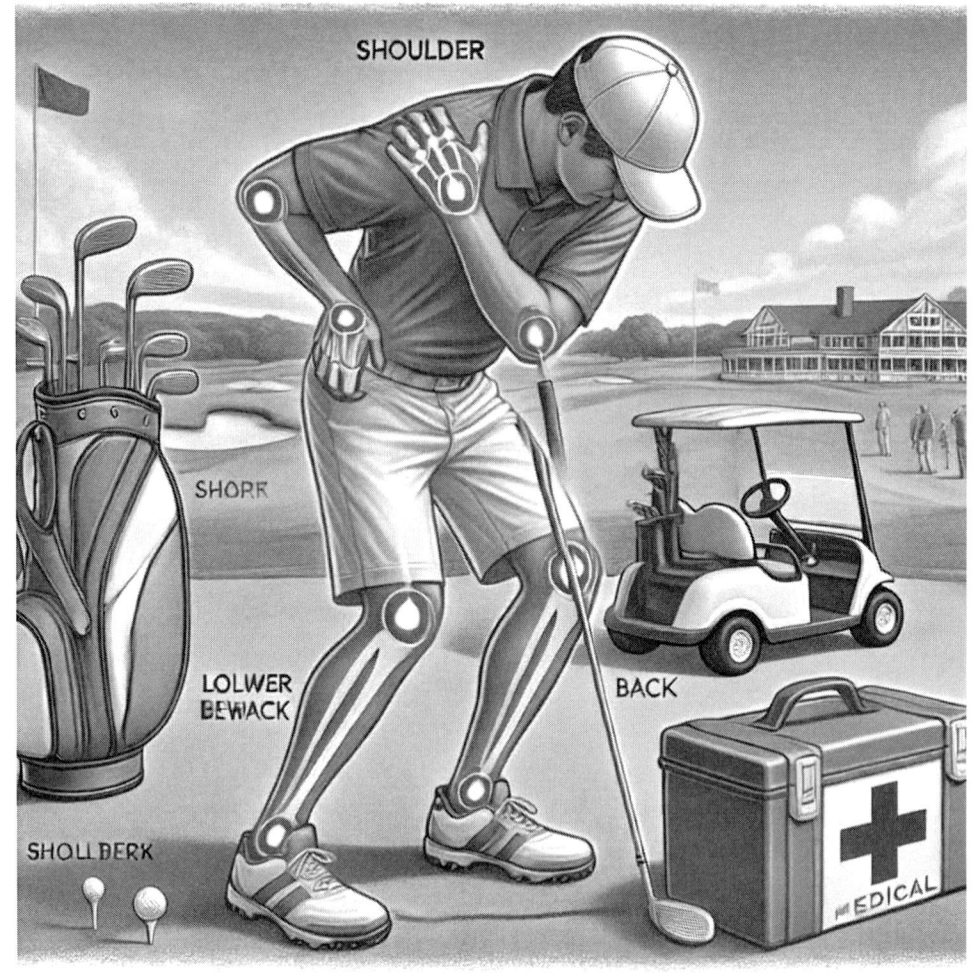

제 3 장. 부상예방을 위한 손상 평가 및 재활운동

1. 골퍼의 부상예방을 위한 유연성의 중요성

유연성은 근육, 건, 인대, 관절이 움직일 수 있는 범위(ROM; range of motion)를 말한다. 어떤 사람들은 유연성을 타고나기도 하지만 나이가 들면서 조직의 탄력성이 퇴화되기 때문에 유연성을 증가시킬 수 있는 트레이닝이 필요하다. 적절한 유연성 회복은 스윙 후 허리, 손목, 어깨, 고관절, 무릎의 통증을 앓고 있는 사람에게 특히 중요하다. 골프 유연성은 골프를 잘 하기 위한 움직임 범위 즉, 골프 스윙 시 관절의 제한이나 근육의 제한이 없는 상태를 말하는 것으로 골프 스윙으로 인한 부상을 예방하기 위해서도 필수적인 요소이다. 만약 골퍼가 정확한 어드레스 자세나 백 스윙, 타이밍, 훅이나 슬라이스에 대한 적절한 스윙 궤적을 찾고자 할 때 유연성 훈련은 많은 도움이 된다.

1) 스트레칭이 어떻게 골프에 도움이 되는가?

스트레칭은 골퍼에 있어 적절한 관절 범위를 향상유지 시킬 수 있도록 한다. 이것은 효과적인 스윙을 하기 위해선 움직임이 일어나는 면에서의 관절 움직임이 좋아야 하기 때문이다. 다시 말하면 적절한 관절 움직임 범위는 골프 스윙에서 생체역학적으로 필수적이다. 골프 메커니즘에 영향을 미치는 인체 조직으로는 관절을 싸고 있는 관절주머니, 근육, 건, 인대 등이다. 인대를 제외하고(인대가 늘어나는 경우는 스포츠 손상을 받는 경우밖에는 없다) 건과 근육, 관절주머니는 짧아지려는 성질이 있다. 이러한 경향은 나이가 들면서 더 심해지는데 골프 스윙에는 바람직하지 않은 결과이다.

근육과 건, 관절주머니가 짧아질 때 생체역학적 변화가 일어나고 점진적으로 골프 스윙 메커니즘을 방해한다. 이러한 이유는 근육이 관절 양쪽에 붙어서 동시에 수축하는 결과 때문이다. 관절에 따라 어떤 근육은 외회전을 하는 동안 다른 근육은 내회전을 담당하게 되는데 어깨에서 두드러진다. 어떤 근육이 신전운동을 할 때 이에 대한 반대작용으로 다른 근육은 굴곡 운동을 하게 된다.

만약 어떤 근육군이 동시에 균형감을 유지하는데 사용되어야 할 때 하나의 근육에서 변화가 있다면 다른 근육에도 영향을 미쳐서 관절의 움직임 범위나 움직임 메커니즘에 변화를 초래한다. 골퍼에 있어 이러한 현상을 보상작용이라고 말한다. 관절 메커니즘에 변화가 많으면 많을수록 스윙에 대한 일관성이 줄어들고 결국은 게임을 망칠 것이다.

2) 골프는 회전운동이다.

골퍼가 골프에 대한 잠재력을 완전히 끌어내기 위해서는 거의 모든 관절에 대한 회전운동 능력과 기능적 능력을 갖추어야 한다. 만약 어깨나 허리, 힙과 골반의 움직임 제한이 있다면 근골격계의 다른 부분에서 보상적 움직임이 나타난다. 그러한 보상적 움직임은 때로는 잘못된 스윙을 하게 하고 결국엔 통증과 골프 손상을 초래하게 된다.

예를 들어 견갑골과 흉곽의 관절(Scapulothoracic joint)에서 움직임 제한이 있다고 하면, 어깨관절에 보상적 움직임이 나타난다. 어깨 관절에서의 이러한 보상적 움직임은 훅이나 슬라이스를 더 많이 내게된다.

골퍼에게 어깨관절의 움직임 제한은 매우 일반적인 문제이다. 어깨관절의 제한적 움직임은 보상적으로 과도하게 허리 회전을 만들게된다. 결국 과도한 허리의 회전은 허리손상을 초래하는데 대부분의 골퍼가 이미 허리에서의 유연성이 부족한 상태라서 이러한 부상을 더 가중 시킨다.

제한된 어깨의 관절움직임과 허리의 보상적 움직임조차 제한된다면 골퍼는 과도하게 머리를 움직이게 되면서 정확한 골프 스윙궤도를 만들지 못한다. 그렇게 되면 스윙 시 임팩트 부위가 너무 두껍거나 너무 얇게 된다. 또한 고관절에서의 내회전 혹은 외회전의 제한은 스윙 폼에 영향을 미치며, 과도한 회전 요구는 허리와 어깨관절에 영향을 끼친다. 만약 효과적으로 어깨나 허리회전을 보상하지 못한다면 골퍼는 드라이브와 골프클럽을 감속하는데 손목을 과 사용하게 된다. 이 경우 손목손상의 주 원인이 된다.

골반과 허리에 있어서 줄어든 관절움직임은 백 스윙 시 왼쪽 발의 발가락을 과도하게 들게 되고 필연적으로 다운스윙 시 클럽으로 도끼질 하는 것과 같은 동작이 유발되고 두꺼운 샷을 만들게된다. 어깨, 허리, 몸통, 골반에서의 유연성의 감소로 가장 영향 받는 것은 파워의 감소이다. 파워가 줄어들었다는 것은 골프를 치는 사람들이 가장 싫어할 수 있는 드라이브의 비거리가 줄어들게 되는 것이다. 따라서 골프 특성에 맞는 스트레칭 프로그램의 수행은 골프 손상을 예방할 수 있으며 거의 모든 면에서의 골프 능력을 향상시킨다.

사실, 골프 특성에 맞는 유연성의 증가는 골프 레슨에도 더 많은 이익을 가질 수 있다. 생체역학적으로 잘못된 스윙패턴은 레슨을 통해서 얻을 수 있는 것이 적다. 사실 많은 골프 프로가 적절한 움직임 패턴에 대한 교육보다는 프로그래밍적인 신경계 시스템(programming the nervous system)과 같은 다른 보상적 움직임을 찾으려고 시도한다. 이러한 보상적 자세에 몸이 적응하게되면 결국 잘못된 스윙 습관으로 고착된다. 결국 오래된 습관을 고치기 힘든 것과 같이 자세교정에는 많은 노력이 요구된다.

프로그래밍적인 신경계 시스템(programming the nervous system)

인체는 좋은 패턴이든 나쁜 패턴이든 상관없이 움직임에 대해 기억을 한다. 어떤 움직임에 대한 상황이 반복될 때 그것이 적정하든 그렇지 않든 신경계는 가장 가까운 패턴으로 재현한다. 나중에 자세를 교정하는 것 보다 좋은 자세로 운동을 시작해야 하는 이유가 여기에 있다.

3) 준비운동의 생리학적 효과 및 효과적인 준비운동 방법

언제 스트레칭을 할 것인가? 유연성과 골프 역학의 과학적 이해는 상당히 복잡하다. 스트레칭과 유연성에 관한 책을 보면 수백 가지 이상의 스트레칭이 있다. 이러한 스트레칭을 다 진행하기에는 시간이 너무 많이 걸리며 효율성이 떨어진다. 따라서 골프에 적합한 스트레칭을 선택하여 최선의 결과를 끌어내는 것이 바람직하다. 그러한 선택을 위한 4가지 과정은 다음과 같다.

1. 짧아지고 유연성이 줄어 긴장(tight)된 근육을 확인한다.
2. 골프에 대한 유연성을 회복할 수 있는 스트레칭을 선택한다.
3. 골프에 적용 가능 하도록 응용한다.
4. 관절가동범위가 회복되면, 스트레칭을 지속하면서 유연성을 유지하도록 한다.

4가지 과정 확인 후 준비운동은 선수들이 훈련 또는 시합 전 운동수행능력을 최적화 시키고 부상을 예방하기 위해 실시한다. 준비운동은 전체 훈련의 일부분으로 포함되어 진행해야 하며, 장기적인 관점에서 준비운동을 통해 얻을 수 있는 심리적, 신체적 이점을 고려하여 계획하여야 한다. 준비운동을 통해 얻어질 수 있는 잠재적 이점은 온도 관련 효과와 비온도 관련 효과로 나눠진다.

(1) 온도 관련 효과
- 근육과 관절의 저항성 감소
- 헤모글로빈과 마이오글로빈으로부터 산소해리 촉진
- 대사반응 촉진
- 신경전도율 향상
- 온도조절능력 향상

(2) 비온도 관련 효과
- 골격근으로 혈류량 증가
- 산소섭취량 증가
- 증강 단계 향상
- 트레이닝 및 시합을 위한 심리적 준비 강화

효과적인 준비운동은 전체 훈련 시간 변화 없이 진행되어야 하며, 준비운동으로 인해 피로가 누적되어서는 안된다. National Strength & Conditioning Association(NSCA)에서는 효과적인 준비운동을 위해 RAMP 프로토콜을 소개하였으며, 이는 증가(raise), 활성 및 동원(activate & mobilize), 그리고 증강(potentiate)단계로 구성되어 있다. 증가(raise)단계에서는 조깅, 사이클, 수영 등 가벼운 유산소운동을 통해 신체 온도를 증가시키고, 심박수와 호흡 빈도 증가, 골격근으로의 혈류량 증가, 심리적 준비를 강화시키는 단계이다. 다음으로 활성 및 가동단계(activate & mobilize)단계는 관절의 가동범위를 증가시킬 수 있도록 동적 스트레칭을 실시하는 단계이다. 이 단계에서는 능동적 움직임을 통해 관절의 가동범위를 증가시킬 수 있어야 하며, 가동성(mobility)확보에 중점을 두어야 한다. 마지막으로 증강(potentiate) 단계에서는 본 훈련과 관련된 스포츠 활동을 포함시켜야 하며, 운동 강도를 본 훈련 또는 시합에 요구되는 강도까지 점진적으로 올려야 한다. 일반적으로 민첩성, 스피드, 플라이오메트릭과 같은 동작이 증강 단계에 포함되어 있다.

또 다른 방법으로 Mike Boyle은 준비운동 시 관절마다 주요 움직임 기능에 맞는 접근법이 필요하다고 보고하였으며, Joint by Joint Approach 방법을 소개하였다. 이 방법은 관절의 구조와 가동범위를 기반으로 관절마다 움직임 시 요구되는 안정성과 가동성을 중심으로 준비운동 프로그램을 구성하도록 설계하는 것을 권장한다.

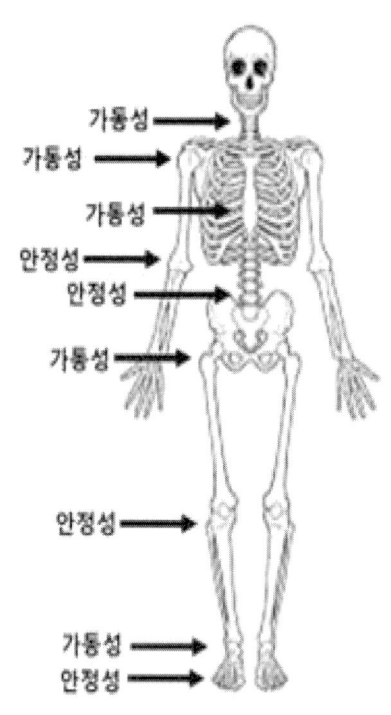

Joint by Joint Approach

4) 짧아지고 유연성이 줄어 긴장(tight)된 근육을 확인한다.

누구나 마음먹은 대로 몸이 움직이지 않는다는 것을 경험한 적이 있을 것이다. 보이는 대로 생각대로라면 근육을 잘 사용해서 좋은 결과를 낼 수 있을 것 같은데 근육이 너무 긴장되어 있거나 혹은 근육을 컨트롤 하지 못하는 경우가 종종 발생한다. 마음과 몸이 따로 움직이는 현상을 이해하기에는 너무 복잡하지만 가장 쉽게 확인할 수 있는 방법은 근육의 불균형과 근육을 움직이도록 명령하는 신경계와 근육의 부조화에서 찾을 수 있다.

몸이 밸런스를 잃었을 때, 어떤 근육은 짧아졌고 어떤 근육은 정상보다 길어져 있었을 것이다. 근육은 늦게 수축하는 지근과 빠르게 수축하는 속근으로 구성된다. 어떤 근육에 있어서는 지근의 비율이 높을 수도 있고 어떤 근육에서는 속근의 비율이 높거나 때로는 지근과 속근의 비율이 비슷할 수도 있다. 이러한 비율에 따라 근육이 견디는 부하가 다르다.

또한 근육에 따라 긴장성 근육(tonic muscle)과 이완성 근육(phasic muscle)이 있다. 긴장성 근육은 근육이 짧아지고 긴장(tight)되면서 부하에 반응하고 이완성 근육과 길항(반대)작용을 하는 경향이 있다. 이완성 근육은 근육이 길어지고 약화 되면서 부하에 반응한다. 긴장성 근육의 예로는 척추기립근이 있으며 이완성 근육의 예로는 복부근육이 있다.

긴장성 근육은 이완성 근육에 비해 낮은 신경 반응(lower threshold)에 반응한다. 이것은 긴장성 근육이 이완성 근육과 같이 작용할 때 신경반응에 대해 긴장성 근육이 먼저 수축한다는 것을 의미한다. 뇌가 이완성 근육의 수축을 요구하는 신호를 보내도 긴장성 근육이 신경신호를 먼저 가로채어 반응하기 때문에 때로는 왜곡된 움직임이 발생하여 결과적으로 훅이나 슬라이스와 같은 나쁜 샷이 나올 수 있다. 이러한 일이 발생하면, 골퍼는 다음 게임에서는 클럽을 스윙할 때 스탠스나, 스윙궤도, 그립, 혹은 스윙패턴을 바꾸고자 시도한다. 때로는 이러한 방법이 잘 적용될 때도 있으나 대부분의 경우 일시적인 효과밖에는 없다. 이러한 이유는 근육간의 밸런스가 바뀌었기 때문이다. 근육의 밸런스는 그날의 분위기나, 온도, 각성 정도, 스트레스, 카페인과 같은 자극으로 인한 호르몬 밸런스 등에 영향을 받는다. 술 또한 근육의 밸런스에 영향을 끼친다.

효과적으로 스윙 밸런스를 유지하기 위해 불균형이 있는 근육을 확인해야 한다. 개인마다 독특한 양상으로 이러한 불균형을 가진다. 근육의 불균형과 나쁜 스윙 패턴은 과거 병력이나, 근무환경, 반복적인 스포츠 손상과 스트레스 등에서도 그 원인이 있을 수 있다.

근육 밸런스 검사는 골퍼에게 있어 어떤 근육이 문제가 되는지 확인할 수 있으며 어떻게 스트레칭 할 것인가를 제시할 것이다.

2. 근육의 단축 검사와 근육 이완 스트레칭

1) 목 근육 검사

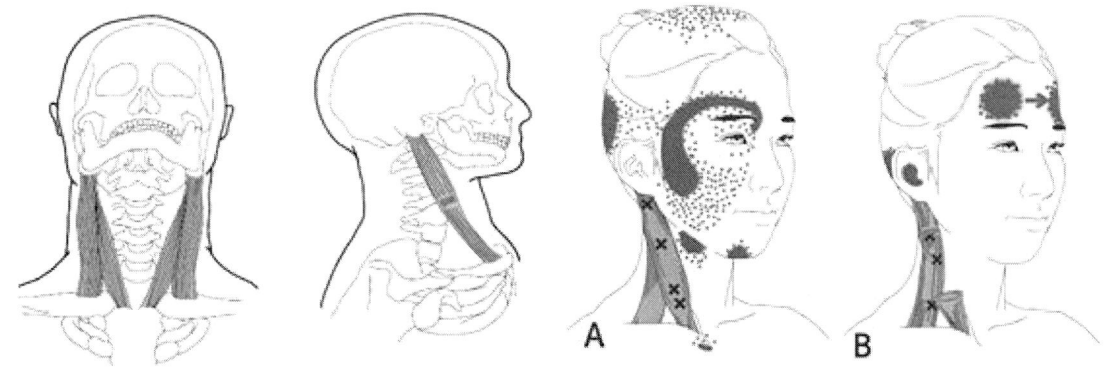

◆ 목의 좌우 굴곡 검사(Neck Side Flexion) - 관련근육 흉쇄유돌근, 사각근

흉쇄유돌근은 목을 옆으로 굽히거나 돌리는 작용을 한다. 사각근은 목을 옆으로 굽히는 작용을 보조한다. 이 두 근육이 긴장하고 짧아지면 목의 움직임이 불편해진다. 흉쇄유돌근은 자율신경과도 밀접한 관련이 있어 귀울림과 현기증 같은 증상을 유발할 수 있다. 사각근이 손상되면 항상 목 뒤가 묵직하고, 뻐근하다. 목 디스크와 비슷하게 목·어깨·등 그리고 팔과 손까지 저릴 수도 있다.

거울을 보고 앉거나 바로 서서 목을 양쪽 귀가 어깨에 닿도록 좌, 우로 굴곡시켜본다. 목을 굴곡 시킬 때 어깨를 올리지 않도록 주의한다.

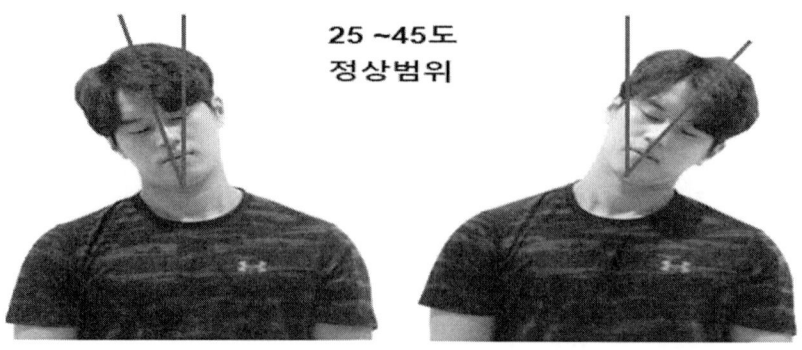

정상적인 관절 움직임 범위는 25~40도 사이어야 한다. 만약 한쪽이 더 많이 굽혀진다면, 잘 안 굽혀지는 목의 근육을 스트레칭 하여야 한다. 만약 주 2~3일 하루 2번씩 이러한 스트레칭을 했는데도 변화가 없다면 전문가를 찾아보는 게 좋다.

■ 목 측굴 스트레칭(Neck Side Flexors)

의자에 앉거나 똑바로 선다. 앉은 자세라면 한쪽 손을 이용해 벤치나 의자의 끝을 잡고 다른 손은 머리 위쪽으로 해서 귀까지 닿도록 한다. 선 자세라면 한 손을 반대쪽 허리 뒤쪽으로 보내도록 하면서 목을 굴곡하도록 한다.
호흡을 멈추고 5초간 목에 힘을 주고 처음 위치로 돌아오도록 힘을 주지만 손을 이용해 목을 움직이지 않도록 저항을 한다. 호흡을 내쉬면서 더 깊게 굴곡할 수 있도록 한다. 오른쪽 왼쪽 각각 3번 반복한다.

■ 목의 신전근 스트레칭

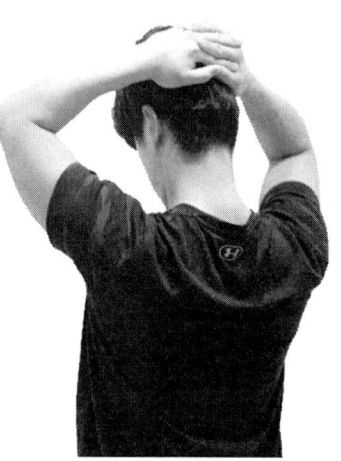

앉거나 서서 허리나 등을 바로 세우고 목을 가슴 쪽으로 숙여 유지한다. 한쪽 팔을 뒷머리에 대고 깊게 호흡을 들이마시고 목에 약 1kg 정도의 힘을 가해서 지긋이 누르면서 압력을 가하고 목은 뒤로 신전하면서 저항한다. 5초 후 호흡을 내쉬면서 이완하고 뒷목을 부드럽게 앞쪽으로 깊게 굴곡하도록 한다.

만약 목에 통증을 느끼거나 통증이 어깨나 팔로 옮겨간다면 (전이통) 스트레칭을 멈추도록 한다. 이 스트레칭을 하는 동안 어깨나 팔에 통증이 있거나 저린 느낌 혹은 전기적 느낌이 있다면 목 디스크를 의심할 수 있기 때문에 전문가와 상담하거나 의료적 상담을 받도록 한다.

◆ 목 회전 검사(Neck Rotation Test) - 관련근육 흉쇄유돌근, 견갑거근

흉쇄유돌근은 머리를 반대편으로 돌리고, 목을 옆으로 기울여 귀가 어깨에 닿도록 한다. 어깨와 귀 사이에 휴대전화를 고정하는 동작 등을 취할 때 이 근육이 사용된다. 흉쇄유돌근이 만성적으로 긴장할 때는 긴장성 두통이나 사경(고개가 한쪽으로 당겨지고 꼬여 턱 끝이 다른 쪽으로 향함), 안면 신경통(안면에 심한 통증이 발작적으로 일어남), 결막 충혈, 비염과 청력 감퇴, 이명 등의 증상이 나타날 수 있다. 언뜻 보면 연관성이 없어 보이지만 흉쇄유돌근의 근육 긴장으로 나타난다.

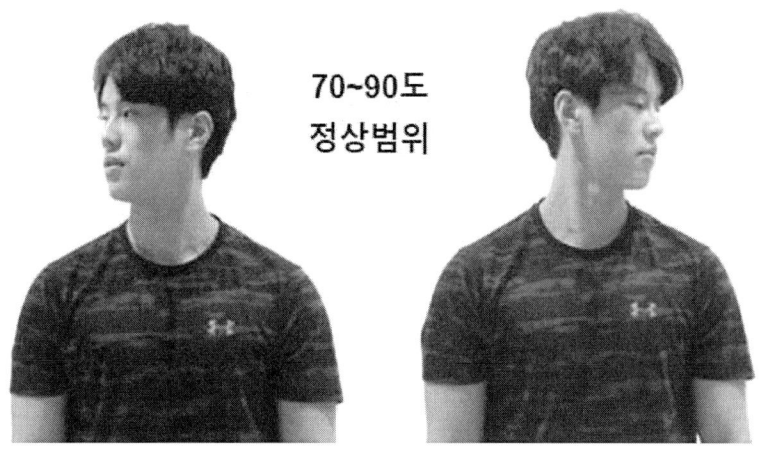

정면을 보고 의자에 앉는다. 어깨와 등이 의자를 지지하도록 한다. 머리를 오른쪽으로 돌리고(회전) 나서 왼쪽으로 돌린다. 양쪽 모두 최소한 70~90도 정도 각도가 나와야 한다. 정상적이라면 목을 돌려 어깨 라인이 보여야 하지만 만약 60대 이상이라면 70도 정도가 정상이다.

만약 정상적인 회전범위가 나오지 않는다면 목을 회전하는 스트레칭을 골프를 하기 전이나 스트레칭 프로그램에 포함시켜 실시한다. 목의 회전제한이 있다면 백 스윙 시 공을 주시하는 눈이 공을 놓치게 된다. 이것은 임팩트 순간 스윙 궤도와 클럽페이스의 각도를 잃게 된다.

■ 목 회전 스트레칭

앉거나 서서 정면을 향한다. 머리를 한쪽 방향으로 회전한다. 돌려진 같은쪽 손을 이마에 대고 목을 정면으로 돌리는데 손을 이용하여 목이 정면으로 돌아가지 않도록 지지한다. 이때 손이 이마를 너무 강하게 잡지 않도록 주의한다. 숨을 들이마신 다음 정면으로 돌아가지 않도록 5초간 유지하도록 한다(과신전 효과). 같은 방향으로 3회~5회 정도 반복하면서 더 이상 관절범위가 증가하지 않을 때까지 진행한다.

만약 한쪽으로 너무 많이 목의 회전이 이루어지고 다른 쪽은 상대적으로 관절범위가 줄어들어 있는 경우라면 파트너의 어깨에 팔을 올리고 목 회전 검사(SweetHeart Test)를 실시해본다. 만약 목회전이 잘 되지 않는다면 견갑거근이 긴장되어 있기 때문에 한쪽으로 목 회전제한이 있는 것이다. 만약 스트레칭을 통해 개선되지 않는다면 정형외과 전문의나 전문가에게 도움을 받도록 한다.

■ **흉쇄유돌근 스트레칭 2**

의자에 똑바로 앉거나 선다. 양손을 깍지 낀 뒤 양 손바닥을 이마 위에 놓는다. 손바닥으로 머리를 뒤로 당겨 코가 천장을 향하도록 한다. 서 있을 때보다 앉아 있을 때, 아래턱은 가능한 뒤로 향하도록 해야 스트레칭 효과가 좋다. 또 스트레칭을 할 때 어깨를 구부리면 스트레칭 효과가 감소할 수 있으므로 주의한다.

◆ **파트너 어깨에 팔 올리고 목 회전 검사(SweetHeart Test)- 견갑거근**

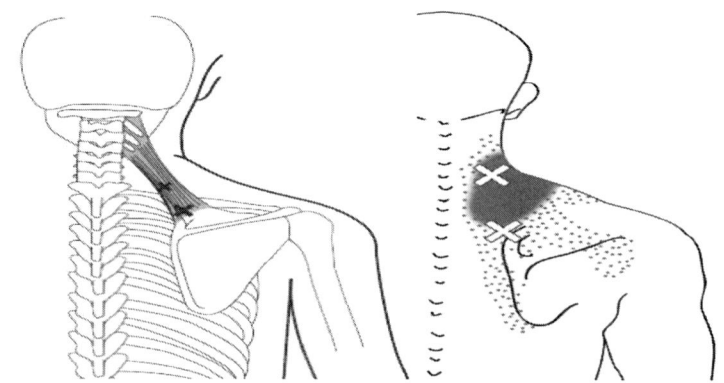

어깨를 으쓱하는 동작이나 견갑골을 올리는 동작은 견갑거근과 승모근이 작용한다. 다른 근육에 의해 견갑골이 고정된다면 견갑거근이 고개를 뒤로 젖히는 신전과 고개를 옆으로 눕히는 동작을 도와준다.

파트너 어깨에 팔을 올려놓고 목을 회전하는 것은 견갑거근이 짧아졌는가를 알아보기 위한 검사 방법이다. 견갑거근은 어깨관절의 움직임 시 적절한 자세를 유지하도록 돕는 근육으로 어깨를 위로 들어올리는데 사용된다. 만약 이 근육이 짧아졌다면 목의 회전제한이 있다.

검사하는 방법은 파트너의 어깨에 팔을 완전히 이완시켜 걸쳐 올려놓는다. 팔을 올린 반대쪽으로 목을 회전 시켜 본다. 양쪽 모두를 검사하여 목의 회전제한의 차이가 없는지 확인해본다. 만약 한쪽에서 회전제한이 있다면 견갑거근 스트레칭이 필요하다.

파트너 어깨에 팔 올리고 목 회전검사는 어깻죽지(scapular girdle)가 척추와 흉곽에서 효과적으로 회전을 하는가를 검사하는 것이다. 백 스윙 시 짧아진 견갑거근은 공을 주시해야 하는 왼쪽 목의 회전제한을 유발한다. 짧아진 견갑거근은 팔의 움직임 시 목의 압박을 가중시켜 골프가 끝난 후 긴장성 두통과 목의 통증의 원인이 된다.

스윙 동작 시 견갑거근이 짧아졌는가를 효과적으로 검사하는 방법은 공을 치기 전 짧은 시간동안이라도 견갑거근을 스트레칭해 보고 스윙을 했을 때 어떤 변화가 있는지를 확인해보면 쉽게 알 수 있다. 만약 이러한 스트레칭이 스윙 메커니즘을 좋게 하였다면 골프 게임 전에 자주 견갑거근 스트레칭을 해주는게 좋다. 이러한 스트레칭은 견갑거근이 우리 몸에서 어떻게 움직일 것인지 재 학습시키는 계기가 된다. 근육은 움직이지 않고 짧아지려는 경향이 있기 때문에 자주 트레이닝을 시켜 근육이 학습되게 할 필요가 있는 것이다.

■ 견갑거근 스트레칭

한쪽 팔을 허리 뒤에 놓고 고개를 반대쪽으로 기울인 다음 반대쪽 손으로 머리를 잡아 스트레칭 시킨다. 너무 강하게 힘을 주지 않도록 주의한다. 목이 스트레칭 되는 동안 숨을 들이마시면서 압박을 유지한다. 5초간 유지한다. 5초 후에는 숨을 내쉬고 이완한다.

오른쪽 왼쪽 각각 3~5번 반복한다. 만약 파트너의 어깨에 팔을 올리고 목 회전 검사(SweetHeart Test)를 실시했을 때 한쪽만 너무 경직되었다면 경직된 부위만 스트레칭 하도록 한다.

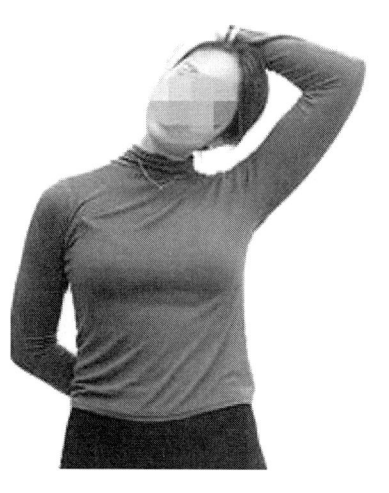

2) 어깨 회전 근육검사- 극상근, 극하근, 소원근, 견갑하근

어깨 회전근육이란 어깨 뼈를 덮고 있는 네 개의 근육(극상근, 극하근, 소원근, 견갑하근)이 마치 하나처럼 합쳐져 형성된 힘줄로 어깨의 안정화와 회전운동을 담당한다.

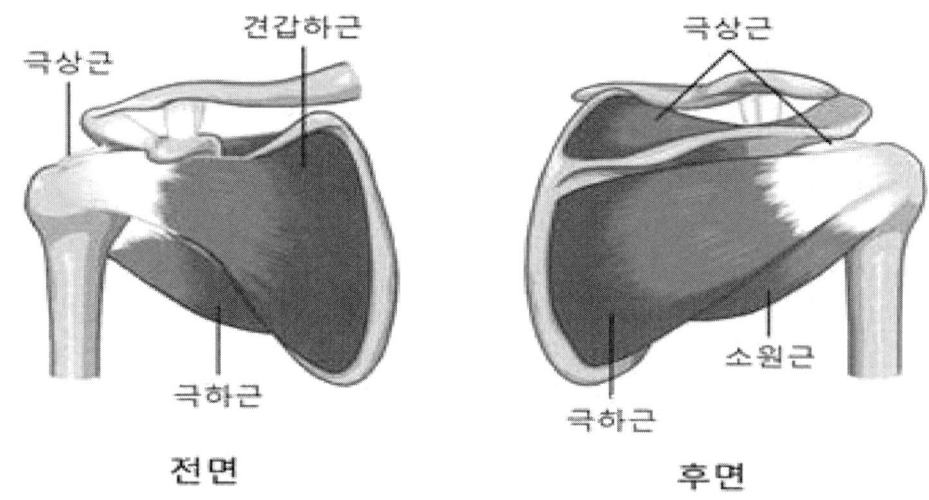

■ 애플리 스크레치검사(Appley Scratch Test)
- 관련근육 극상근, 극하근, 소원근, 견갑하근

애플리 스크레치 검사는 어깨의 내회전, 외회전에 대한 움직임 범위를 평가한다. 이 검사는 두번으로 나누어 진행한다. 목 뒤에서 팔을 내려 반대편 등쪽(견갑골)으로 팔을 뻗는 것은 외회전 범위를 확인할 수 있으며, 등 뒤로 팔을 돌려 반대쪽 견갑골쪽으로 올리는 것은 내회전 범위를 평가한다.

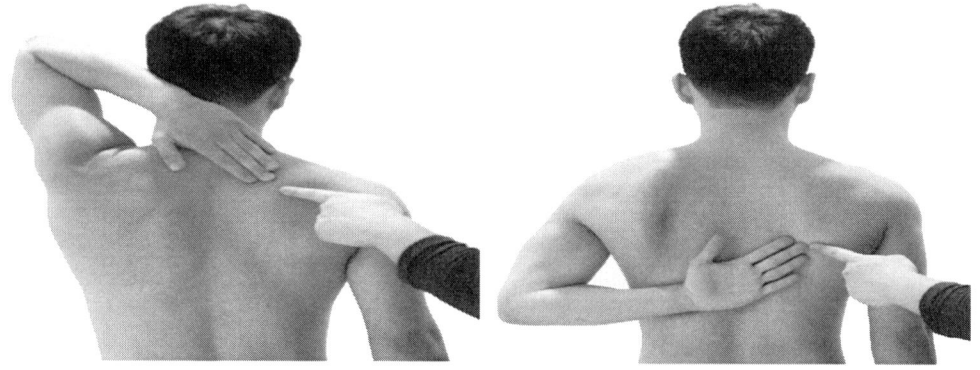

목 뒤로 팔을 내려 손이 반대쪽 견갑골을 만질 수 있다면 정상적인 외회전 범위를 나타내는 것이다. 정상적인 내회전 범위는 등 뒤로 팔을 돌려 반대쪽 견갑골 아래쪽을 만질 수 있어야 한다. 만약 손과 어깨의 견갑골과의 거리가 멀면 멀수록 회전근개가 그만큼 단축되었다는 것을 말한다. 이러한 불균형을 개선하기 위해 어깨 회전근개 스트레칭을 시행한다.

■ 충돌증후군 검사(Neer impingement sign) - 관련근육 극상근

그림과 같이 견갑골을 고정시킨 상태에서 팔을 머리위로 들어올릴 때 통증이 있으면, 충돌징후를 시사한다.

앉은 자세에서 어깨뼈에 앞으로 미는 힘을 가하면서 팔을 머리위로 올린다. 만약 어깨 회전근육에 문제가 있다면 팔을 들어올리면서 60도 이상에서 통증이 있을 수 있다.

만약 오른쪽 어깨의 외회전에 관여하는 회전근개가 단축되어 있다면 팔로우 스로우가 제한 될 수 있다. 만약 왼쪽 어깨에서 외회전 근육의 단축이 있다면 백 스윙의 제한이 있게 된다. 비거리를 늘리기 위해 임팩트 순간 강한 힘이 필요한데 외회전 회전근개의 단축은 보상적으로 스윙궤도를 바꾸거나 스윙 축을 변화시킬 수 있다.

■ 어깨 외회전 근육 검사- 관련근육 극하근, 소원근

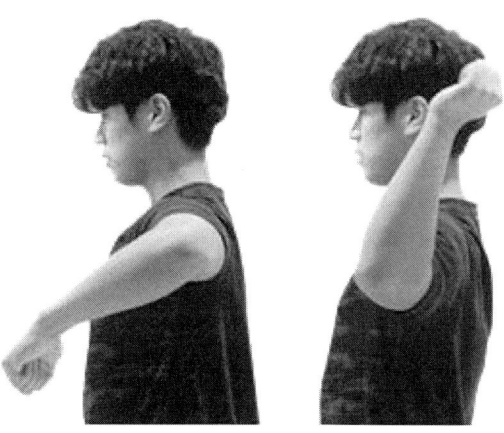

그림에서처럼 오른쪽 팔꿈치를 어깨 높이까지 올리고 팔꿈치를 수평으로 유지한다. 팔꿈치를 축으로 한계에 도달할 때까지 팔을 자연스럽게 어깨 뒤로 돌린다. 프로들의 경우 어깨 외회전이 90도까지 수직으로 들어올릴 수 있지만 대부분의 사람들은 상체를 기울인 척추의 각도에서 멈춘다. 이렇게 외회전이 부족하면 백스윙을 완성하기 위해 클럽을 스윙면(swing plane) 밖으로 들어올리거나 또는 스윙이 짧아지는 수정된 동작을 만들게 된다. 이는 불안전한 몸통의 회전 및 파워와 리듬의 감소로 스윙의 일관성을 잃게된다.

■ 어깨 외측 회전근육 스트레칭

팔꿈치를 굽히고 손등을 허리에 대고 반대쪽 손을 이용해 팔꿈치 뒤쪽을 앞으로 당긴다. 15초 유지하고 반대쪽을 수행한다. 각각의 어깨를 3~5회 반복한다.

■ 능형근 스트레칭

능형근은 견갑골을 척추쪽으로 당기는 역할을 하는 근육이다.

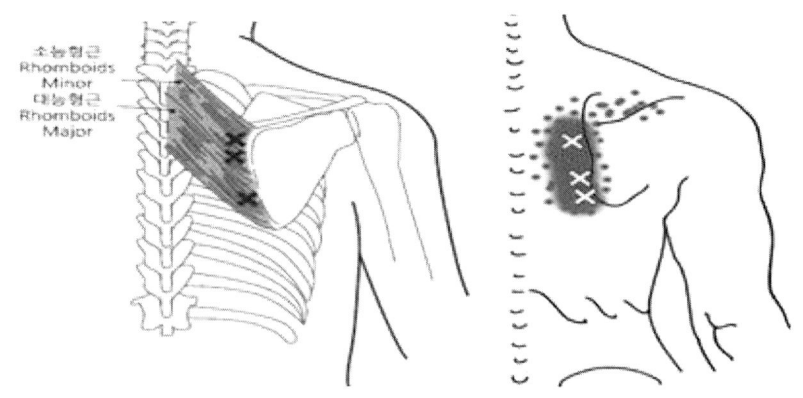

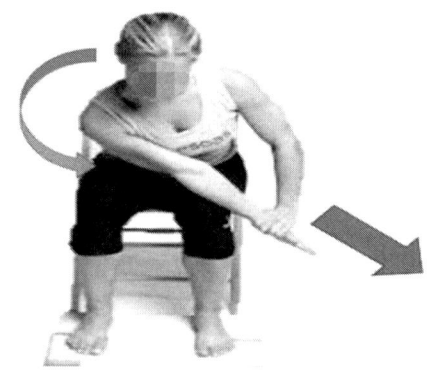

이 근육은 짐볼을 이용한 스트레칭으로 잘 이완될 수 있다. 그림과 같이 무릎을 꿇고 짐볼 위에 팔꿈치를 놓는다. 팔꿈치로 몸을 가로질러 짐볼을 굴리듯이 끌어당긴다. 근육이 충분이 스트레칭 되면 호흡을 들여마시면서 마치 능형근을 이용해 견갑골을 척추쪽으로 당길 수 있도록 힘을 준다. 5초 정도 압력을 주고 정지한다. 호흡을 내뱉으면서 더 깊게 스트레칭을 해본다. 양쪽을 3~5회 반복한다.

3) 대흉근, 소흉근 검사

대흉근은 팔의 위쪽에 붙어 어깨를 안으로 잡아당기고, 골프 스윙 동작에서 팔을 내회전하는 역할을 담당한다. 소흉근은 등쪽의 승모근 및 광배근과 함께 견갑골을 아래쪽으로 당겨서 고정시키는 역할을 한다.

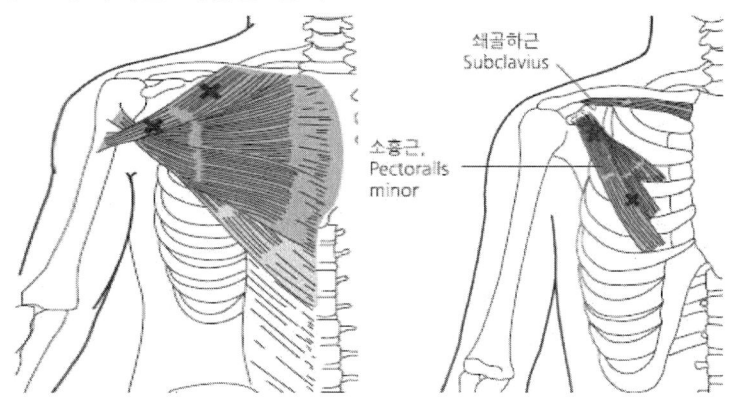

대흉근, 소흉근 검사를 위해 머리 뒤에서 두 손을 깍지 끼고 누워서 검사한다. 깍지 낀 두 팔을 바닥에 닿도록 해본다. 정상적인 관절운동범위는 전완이 자연스럽게 바닥에 수평으로 놓여야 된다.

만약 두 팔 모두가 바닥에 닿지 않는다면 대흉근과 소흉근 모두 단축되어 있다는 것을 의미한다. 때로는 한쪽만 바닥에 닿기도 하는데 대흉근 스트레칭을 통해 개선이 가능하다. 짧아진 대흉근, 소흉근은 견갑거근과 함께 어깨 외회전 근육에 영향을 끼친다. 짧아진 소흉근은 직접적으로 어깨를 앞쪽으로 당겨서 관절주머니를 느슨(Anterior Capsular laxity)하게 하고 어깨 불안정성, 충돌증후군의 원인이 될 수 있다. 결과적으로 백 스윙시나 팔로우 스로우 시 통증을 유발한다.

■ 어깨 내측 회전근육과 흉근 스트레칭

어깨의 내측 회전 근육은 짐볼을 이용하거나 문의 출입구를 이용하여 스트레칭을 할 수 있다. 흉근도 어깨 내측 회전 근육과 밀접하게 관련되므로 하나의 스트레칭을 이용해 두개 근육을 스트레칭할 수 있다. 출입구에 서서 팔 위에 예시 사진처럼 3가지 방법으로 부드럽게 몸을 앞으로 밀면서 상체를 회전을 한다. 어깨의 내측 회전 근육이 충분히 스트레칭 될 정도로 몸을 회전시켰으면 호흡을 깊게 들이마시고 0.5kg 정도의 힘으로 5초 정도 문 기둥을 밀어낸다. 호흡을 내쉬고 몸을 회전시켜 더 크게 스트레칭 되도록 한다. 3~5번 반복한다.

짐볼을 이용할 경우도 어깨의 내측 회전 근육뿐만 아니라 소흉근도 스트레칭 시키는 효과가 있다.

그림과 같이 엎드려 한 손을 이용하여 짐볼을 수평위치에서 감싸쥔다. 상체를 밑으로 내리면서 어깻죽지뼈가 척추쪽으로 향하도록 한다. 스트레칭의 느낌이 든다면 호흡을 들이마시고 손에 힘을 주어 5초간 멈춘다. 호흡을 내쉬면서 상체가 바닥으로 내려가도록 이완하고 어깻죽지뼈가 척추쪽으로 더 향하도록 노력한다. 어깨 높이가 공의 높이 보다 낮게 유지한다. 스트레칭은 3~5번 반복한다.

* **주의**

만약 문 기둥이나 벽 코너를 이용한 스트레칭을 하는 동안 어깨의 불편감이나 통증이 있다면 짐볼 스트레칭은 불편감이 없을 수도 있다. 그러나 벽 코너 스트레칭이나 짐볼을 이용한 스트레칭 모두 어깨 불편감을 느낀다면 정형외과 의사의 진료를 받아보는 것이 좋다. 많은 운동 선수들이 과거의 스포츠 손상이나 잘못된 자세의 운동 등으로 어깨관절 앞쪽이 느슨해지거나 약화될 수 있다. 이러한 스트레칭은 앞쪽 어깨 관절을 안정시키는데 도움이 된다.

• **골프 교정용 로테이터를 이용할 때**

로테이터를 이용해 어깨를 외전 시키는 연습은 어깨 내측 회전근육을 이완시키는데 도움이 된다. 한쪽 손으로 Y자 손잡이를 잡고 다른 손은 반대쪽 스트랩잡고 수행 한다. 이때 손은 약간 저항하도록 한다. 5초간 유지하고 뒤로 더 밀어 내회전 근육이 이완되도록 한다. 3~5회 반복한다.

4) 척추 회전검사- 다열근, 회선근

척추 회전검사는 무릎을 굽혀서 바닥에 누워 천천히 한쪽 방향으로 몸을 회전해서 바닥에 닿게 하는 방법이다. 정상적인 척추 회전범위는 무릎을 들고 한쪽으로 돌렸을 때 어깨와 반대 방향의 아래쪽 다리가 바닥에 뜨지 않고 닿아야 한다.

만약 바닥에 다리가 닿지 않고 공간이 크면 클수록 척추 회전제한이 크다는 것이다. 척추의 회전제한이 있다면 백 스윙과 팔로우 스로우 시 과도하게 골반의 이동이 있거나 골반이 돌아가게 된다. 제한된 척추 회전은 보상적으로 어깨를 과도하게 사용하게 만들어 어깨 손상을 초래할 수 있다. 또한 이러한 회전제한은 팔을 이용해 가속을 하고자 시도하면서 골프 엘보우의 원인이 된다. 결국 적절한 스윙 축을 유지해야 하는 스윙 궤도, 클럽의 각도 등에 영향을 미쳐 정상적인 스윙이 될 수 없도록 한다. 척추 회전제한을 개선할 수 있는 스트레칭은 다음과 같다.

■ 허리 회전근의 스트레칭

허리 회전근의 스트레칭은 골프를 치는 사람에게 아주 중요한 운동이다. 허리 회전근의 유연성이 줄어들 경우 골프 스윙과 회전에 제한이 생겨 비거리에 영향을 줄 뿐만 아니라 허리 혹은 늑간근 통증의 원인이 될 수 있다.

허리를 바닥에 붙여 눕는다. 무릎을 굽히고 바닥에서 발을 띄운다. 한 손을 어깨높이 옆으로 뻗어 안정시키고 반대쪽으로 몸을 돌린다. 5초 정도 멈추고 반대쪽을 실시한다. 정상적인 허리 회전근의 유연성을 갖고 있다면 무릎이 바닥에 닿더라도 반대쪽 어깨가 바닥에서 떨어지면 안된다. 만약 허리를 돌리는 동안 어깨가 바닥에서 떨어진다면 이러한 스트레칭을 충분히 해주면 골프 스윙에 많은 도움이 될 것이다.

◆ 허리 측굴 검사(Side Bend Test) - 요방형근, 복사근

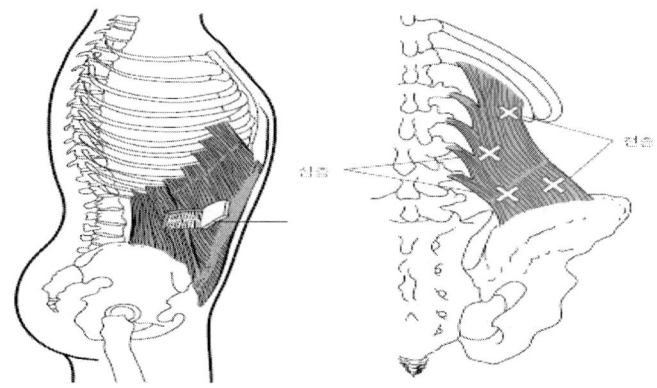

요방형근은 서 있거나 걸을 때, 또는 앉거나 누워 있을 때 요추와 골반을 안정시키는 역할을 한다. 또 호흡을 할 때는 아래쪽 갈비뼈(늑골)를 안정시킨다. 허리를 뒤로 펼 때 양쪽 요방형근이 동시에 수축돼 등을 꼿꼿이 세운다. 요방형근이 손상되면 욱신거리고 쑤신다. 특히 몸을 앞으로 구부리거나 반대로 틀면 통증이 악화된다. 옆구리와 골반 부위에 손을 대고 지탱해야 겨우 서 있을 수 있다.

허리 측굴 검사는 허리가 옆으로 얼마나 굽혀지는가를 검사하는 방법이다. 두 발을 모으고 머리, 어깨, 허리가 벽에 붙도록 벽에 기대어 선다. 왼쪽 손을 왼발 무릎 아래까지 미끄러지듯 내린다. 이때 상체를 앞으로 숙이거나 너무 뒤쪽으로 펴지 않도록 하면서 오른쪽 발 뒤꿈치가 바닥에서 뜨지 않도록 가능한 만큼 내린다.

정상적인 움직임 범위는 오른쪽, 왼쪽 모두 무릎까지 내려가야 한다. 한쪽만 내려가고 다른 쪽에 차이가 있다면 스위스 볼을 가지고 스트레칭을 한다.

이 검사에서 옆쪽으로 굴곡제한이 있다면 척추 회전제한이 같이 있다고 볼 수 있다. 이것은 척추회전은 옆으로 굴곡(측굴)하는 운동과 동시에 일어나기 때문에 측굴 제한은 회전제한과 항상 같이 발생한다. 이러한 측굴 제한은 회전제한과 동시에 나타나기 때문에

백 스윙 시나 팔로우 스로우시 과도한 스웨이(스윙 중에 몸이 이동하는 것)가 발생하며, 결국 스윙 궤적(Swing Plane), 클럽 페이스의 각도, 스윙 축에 영향을 미칠 수 밖에 없다.

■ 복사근의 스트레칭

복사근은 복부 옆구리 근육으로 짐볼을 이용해 스트레칭을 할 수 있다.

정확한 자세를 위해서 짐볼에 앉은 자세에서 몸을 옆으로 돌려 짐볼이 옆구리에 오도록 한다. 다리를 어깨넓이보다 조금 더 크게 벌려 중심을 잡는다. 아래쪽 손을 이용해 위쪽 손의 손목을 잡고 균형을 유지하면서 자연스럽게 복사근이 이완되도록 한다. 긴장된 지점이 있다면 이완이 될 때까지 유지한다. 점진적으로 앞으로, 뒤로 체중을 옮기면서 스트레칭하도록 한다.

■ 요방형근 스트레칭

두발을 벌리고 상체의 한쪽으로 회전 시킨 후 양손으로 골반을 잡는다. 왼손을 사용해 골반을 앞쪽으로 민다. 반대쪽 방향도 같은 방식으로 스트레칭 한다. 스트레칭을 할 때 균형을 잃기 쉽다. 오른손을 똑바로 유지하고, 회전을 더 하거나 상체를 기울여 난이도를 조절하면서 스트레칭을 더 시킬 수 있다.

5) 고관절 굴곡근 검사

고관절은 골반과 공 같이 생긴 대퇴골의 머리로 구성되어 있는 관절이다. 보행 역학에 의하면 보행동안 에너지를 생산해 내는 근육이 고관절 굴곡근 (내전근 포함), 고관절 신전근 (슬관절 굴곡근 포함)과 아킬레스건 등의 세가지 근육이 아주 중요한 역할을 하게 된다. 이 근육은 나이가 들면서 단축되는데 보행 속도가 떨어진다든가, 달리기를 할 수 없게 되었다든가, 심지어는 잘 걷던 사람이 보행이 어려워지는 경우도 발생할 수 있다. 따라서 이러한 고관절 굴곡근의 유연성이 유지되어야 골프에서도 좋은 어드레스를 취할 수 있다.

■ 토마스 검사(Tomas Test)

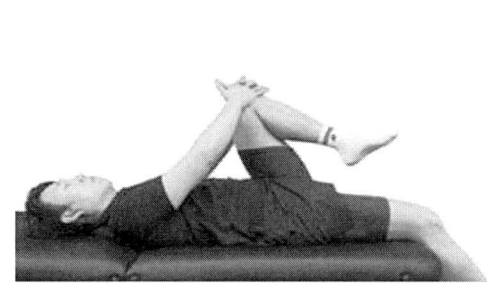 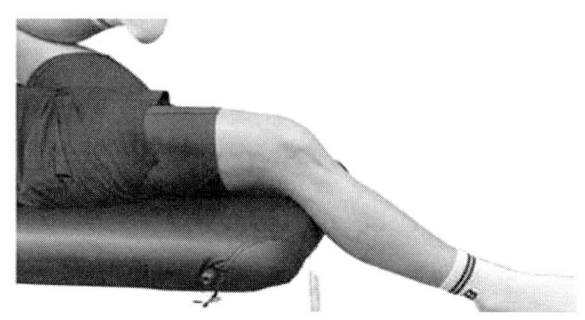

토마스 검사는 딱딱한 테이블에 누워서 진행한다. 테이블 끝에 다리를 내려놓는 자세로 테이블에 등을 대고 눕는다. 다리나 무릎이 자유롭게 움직일 수 있도록 한다. 한쪽 손을 허리 아래쪽에 두고 반대쪽 손은 무릎을 가슴까지 당겨 잡는다. 허리 아래쪽 손에 허리가 닿을 정도로 무릎을 가슴까지 완전히 끌어올린다. 만약 당기는 다리가 아닌 반대쪽 내려놓은 다리가 테이블 쪽으로 당겨 올라가는지를 확인해본다.

만약 정상적이라면 당겨지지 않은 다리의 허벅지가 일자 형태이며 다리가 테이블에 자유롭게 걸쳐져 있어야 한다. 만약 가슴 쪽으로 당겨진 다리의 반대쪽 허벅지 부분이 테이블에서 떨어진다면 고관절 굴곡근 스트레칭(런지 스트레칭)이 필요하고, 무릎 이하 종아리 부분이 바닥을 향해 수직을 유지할 수 없다면 대퇴사두근 스트레칭을 하여야 한다.

토마스 검사에서 양성이 나올 경우 골반을 굴곡시키는 근육이 단축되어 있는 것이다. 단축된 골반 굴곡근은 완전한 백 스윙 능력을 제한하고 허리 회전능력을 감소시킨다.

짧아진 골반 굴곡근은 근육 불균형의 가장 큰 원인이 된다. 즉, 아래 복부와 햄스트링을 느슨하게 하고 약하게 만들어 허리 근육이 짧고 긴장되게 하여 골퍼에 있어 요통의 원인이 되게 한다.

■ **짐볼을 이용한 대퇴근육 스트레칭(Gym Ball Quadriceps Stretch)**

짐볼을 이용한 대퇴근육 스트레칭은 아주 효과적인 방법이다. 런지 자세에서 짐볼을 골반 아래 놓고 바상체를 들어 올린다. 짐볼이 균형을 유지하며 앞뒤로 움직이며 스트레칭 시킨다. 약 20 초간 유지하고 각각의 다리를 3 번 반복한다.

■ **짐볼을 이용한 대퇴근육 스트레칭(Gym Ball Quadriceps Stretch) 2**

짐볼에 한쪽 다리의 발등을 올려놓고 무릎을 구부려 양손으로 바닥을 짚고 준비 자세를 취한다. 양손으로 바닥을 밀어내며 올려놓은 다리의 무릎을 구부리면서 무게 중심을 이동하며 스트레칭 시킨다. 만약 이 동작이 너무 어렵다면 작은 짐볼을 이용해 다. 약 20 초간 유지하고 각각의 다리를 3 번 반복한다.

6) 무릎 굴곡근 검사(hamstring test)

무릎 굴곡근은 세가지 근육(대퇴이두근, 반건양근, 반막양근)으로 이루어져 있으며 엉덩이와 무릎관절을 연결하는 중요한 근육이다. 고관절을 펴거나 무릎 관절을 굽히는 역할을 한다. 또 무릎을 안쪽으로 회전하도록 도와준다. 운동 시엔 중심 이동을 하게 하고, 착지할 때 충격을 흡수한다.

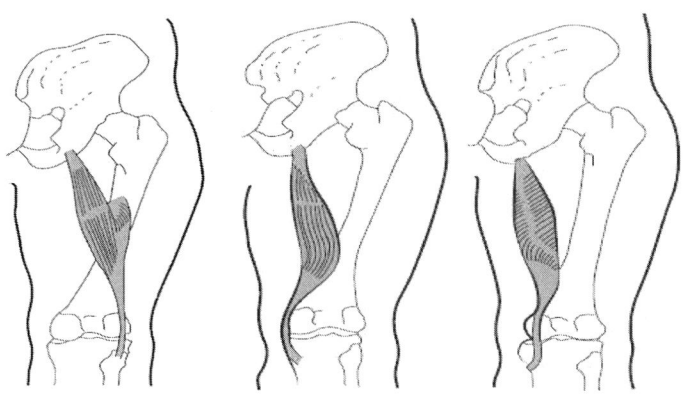

■ 누워서 무릎 신전검사 - 하부 햄스트링

누워서 무릎을 신전하는 검사는 하부 햄스트링의 길이를 평가하는 방법이다. 무릎을 살짝 구부려 90도까지 들어올리고 들어 올린 다리를 수직을 유지하도록 천천히 무릎을 편다. 이때 머리를 들지 않도록 주의해야 한다. 정상적인 햄스트링 길이라면 수직으로 들어올린 다리가 170도까지 펴져야 되지만 만약 170도 미만이라면 햄스트링이 단축되었다고 판단할 수 있다.

짧아진 햄스트링은 어드레스 자세에 영향을 미친다. 햄스트링이 짧으면 골반을 앞쪽으로 회전하지 못하게 되어 척추와의 상호작용이 원활하지 못하게 된다. 결과적으로 허리와 등이 과도하게 앞쪽으로 굽혀지게 되고 척추 회전이 제한된다. 골프에서 회전제한은 드라이브의 비거리에 부정적 영향을 미친다. 또한 햄스트링이 짧아져 상체가 더 많이 앞으로 굽게 된다면 효과적인 회전이 이루어지지 않기 때문에 팔을 과도하게 사용할 수밖에 없어 골프엘보나 손목의 부상을 자주 경험하게 된다.

■ 웨이터 써빙 검사(Waiter's Bow Test) - 상부 햄스트링

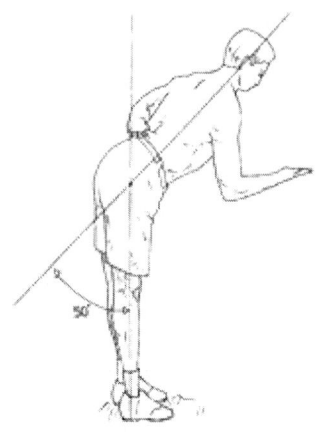

웨이터 써빙 검사는 상부 햄스트링 길이를 평가하는 것으로 상부 햄스트링은 골반에서의 정상적 움직임을 담당한다.

이 검사는 배꼽 반대편 허리(요추 2 번 위치)의 살갗을 한 손으로 꼬집듯이 잡고 다른 한 손은 웨이터가 써빙 하듯이 무릎을 펴 상체를 굽히는 동작을 취한다.

상부 햄스트링의 길이가 정상이라면, 골반의 높이에서 상체를 50 도 이상 굽힐 수 있다. 이때 허리의 굴곡을 유지하고 꼬집은 손을 놓치면 안 된다. 만약 햄스트링의 길이가 정상적이지 않다면 허리 굴곡을 유지하면서 상체를 앞으로 굽힐 수 없을 것이고, 꼬집은 손을 놓치거나 살갗이 당겨지게 될 것이다.

상부 햄스트링이 단축되었다면 누워서 무릎 신전검사(하부 햄스트링 단축)에서와 같이 잘못된 스윙 자세로 인한 비슷한 결과가 나타날 것이다. 웨이터 써빙 검사는 스트레칭으로 응용하여 교정하는데 사용할 수 있다.

■ 선 자세에서 슬굴곡근 스트레칭(Standing Hamstring Stretch)

두 발을 일자로 모아 무릎을 펴고 선 자세를 유지한다. 골반을 뒤로 내밀면서 허리가 자연스럽게 앞으로 기울도록 한다. 이때 허리를 숙이지 않도록 해야 한다. 한 손을 그림과 같이 허리의 피부를 살짝 잡고 허리를 숙일 때 손이 떨어지지 않도록 해본다. 햄스트링이 스트레칭 되는 것을 느끼면서 20 초 유지한다. 다시 선 자세로 돌아와 햄스트링이 이완되도록 1~2 초 멈추었다 다시 5 번 반복한다. 때때로 빨래 집게를 피부에 물려서 수행할 수 있다. 빨래집게가 떨어지지 않도록 조심스럽게 허리를 숙이므로써 슬굴곡근을 이완시키는데 도움이 된다. 만약 골프 게임시 슬굴곡근이 너무 긴장되어있다면 골프 공을 발바닥을 이용해 충분히 굴려주면 슬굴곡근이 일시적으로 이완되는 효과가 있다.

* 만약 허리를 앞으로 기울였을 때 가벼운 통증이 있거나 자세를 유지하기 힘들다면 키네시오 테이핑을 적용해본다. 그러나 허리를 굽힐 때 심한 통증이 있다면 전문의의 진단을 받아보는 게 좋다.

■ 누워서 무릎 펴고 햄스트링 스트레칭

 누워서 무릎 펴고 하는 스트레칭은 무릎 뒤쪽 햄스트링 근육을 스트레칭하는데 효과적이다..이 스트레칭은 너무 오랫동안 앉아서 일을 하는 사람들에게 유용한 방법이다. 오랫동안 앉아서 일을 하게 되면 무릎 뒤쪽 근육이 단축되는 경향이 있다. 타올을 말아서 허리 아래쪽 굴곡부위(배꼽부위)에 받쳐 두고 처음에는 한쪽 다리의 허벅지 부분을 잡고 무릎을 수직이 될 동안 들어올린다. 발 앞부분이 정강이 쪽으로 향하도록 앞으로 굽히면서 천천히 다리를 펴본다. 만약 더 강한 스트레칭 효과를 얻고자 한다면 그림처럼 밴드를 발바닥을 감싸고 다리를 편다. 충분히 스트레칭 되는 지점에서 약 20 초간 유지한다. 반대쪽 다리로 바꾸어가면서 3 번 반복한다.

7) 둔부 근육 및 슬굴곡근 조절검사

 상체로 볼을 치는 것은 자연스럽게 느껴진다. 그러나 스윙에서 모든 파워는 하체 즉 슬굴곡근 및 둔부 근육으로부터 나온다. 손과 팔은 클럽이 공중으로 날아가지 않도록 유지하는 전달자 역할을 한다. 많은 골퍼들이 스윙을 할 때 둔부 근육과 슬굴곡근을 충분히 사용하지 못하고 허벅지 앞쪽 대퇴사두근을 사용한다. 그로 인해 파워와 안정성이 떨어진다.

 발을 어깨 넓이로 벌리고 바로 선다. 체중이 양발의 중앙에 배분되어 있는 것을 느낀다. 그림처럼 양손을 머리 위로 올린다.

 목표는 발과 발꿈치가 지면에서 떨어져 앞으로 움직이지 않고 엉덩이가 무릎 아래로 가게 가능한 한 쪼그리고 앉는다. 체중을 양발의 중앙에 유지하면서 쪼그려 앉을 수 있어야 한다. 이러한 검사를 통해 둔부 근육과 슬굴곡근이 얼마나 단축되어 있는지를 확인할 수 있다. 체중이 발가락 쪽으로 움직이는 것을 느낀다면 이는 스윙 도중 밸런스, 파워 일관성을 방해할 것이다.

■ 종아리 근육 스트레칭

종아리 근육은 비복근이라는 근육과 가자미근육 두개로 구성되어있으며 스트레칭 하는 방법이 다소 틀리다. 비복근 스트레칭은 벽을 잡고 무릎을 편 자세에서 발뒤꿈치를 미는 동작을 취해야 한다. 가자미근육은 종아리 안쪽 깊숙이 있는 근육으로 하지의 펌프 역할을 하는 근육으로 쉽게 피로해지기도 한다. 이 근육을 스트레칭 하기 위해서는 비복근 스트레칭과 같은 방법으로 벽을 기대고 선 자세를 유지하지만 무릎을 살짝 앞으로 굽혀야 한다. 종아리 근육에서 아킬레스건으로 스트레칭 되는 것을 느껴야 하지만 아킬레스건이 단독으로 스트레칭 되지 않도록 한다. 계단을 이용해서도 비복근과 가자미근육의 스트레칭이 가능한데 비복근은 계단의 끝부분에 올라서서 무릎을 편 자세에서 발뒤꿈치를 아래쪽으로 내리는 동작을 취하고 가자미 근육은 선 자세를 유지하지만 무릎을 살짝 앞으로 굽혀야 한다. 각각 20 초간 3~5 번 반복한다.

8) 고관절 회전근 검사

■ 골반 회전 검사(Cigarette Butt Test)

골반 회전 검사는 골반의 내회전과 외회전의 유연성을 평가한다. 이 검사를 수행하기 위해서는 벽에 기대어 엉덩이 넓이만큼 발을 벌려 선다. 담배 꽁초를 뒤꿈치로 밟은 것처럼 생각하면서 뒤꿈치를 축으로 발을 밖으로 회전한다. 발을 밖으로 돌렸을 때 골반이 돌아가지 않도록 하고 무릎을 굽히면 안 된다. 이 검사는 내회전 근육의 길이를 평가하는 것으로 외회전도 같은 방법으로 진행한다. 이때 골반은 앞쪽에서 수평으로 유지되고 돌아가면 안 된다.

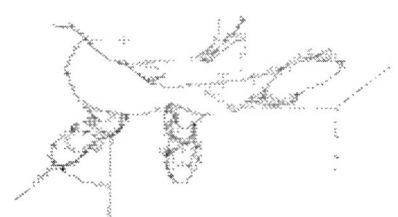 

정상적인 내회전 근육은 밖으로 향하여 적어도 45 도 회전이 되어야 한다. 만약 정상적인 골반의 외회전 근육이라면 처음 출발점에서 적어도 40 도 안으로 회전하여야 한다.
만약 내회전이 40 도 이하라면 외회전 근육의 단축으로 내회전 제한이 유발되고 외회전이 45 도 이하라면 내회전 근육의 단축으로 외회전 제한이 유발된다.

오른쪽 다리에서 골반의 내회전 제한이 있고 왼쪽 다리에서 골반의 외회전 제한이 있다면 백 스윙의 제한이 있게 된다. 오른쪽에서 외회전 제한과 왼쪽에서의 내회전 제한은 팔로우 스로우의 제한이 있다. 이러한 근육 불균형은 허리와 어깨를 과도하게 쓰게 만든다. 골반의 회전 불균형은 골퍼의 허리, 어깨, 엘보우 손상과 관련이 있다. 이 검사는 시니어 골퍼에게 특히 중요한데 짧아진 골반 회전근육은 허리통증과 파워의 소실을 초래하기 때문이다.

잘못된 골프스윙은 적절하지 못한 스윙 면, 스윙 축, 스윙 궤적과 팔과 손목의 과사용에 의한다. 고관절은 골프 스윙에 직접적으로 관여하기 때문에 고관절의 움직임 범위 제한은 대부분의 잘못된 스윙 패턴과 관련된다. 다음의 스트레칭은 짧아진 골반 내회전 근육과 외회전 근육 스트레칭 방법이다.

■ 선 자세에서 골반 외회전근 스트레칭(Stretching for External Hip Rotators)

골반의 내회전과 외회전 근육은 많은 스트레칭 프로그램에서 간과되고 있다. 골퍼라면 이러한 스트레칭을 간과해선 안된다. 유연한 골반 회전근육은 골프스윙에서 아주 중요한 역할을 한다.

다리 하나 정도의 간격을 두고 발을 일직선으로 똑바로 선 자세를 유지한다. 마치 담배 꽁초를 뒤꿈치로 끄듯이 발목을 안쪽으로 돌린다. 이때 몸통이 돌지 않도록 주의한다. 발을 가능하다면 최대한 안쪽으로 돌린 상태에서 가볍게 바닥을 밀어내듯이 무릎에 힘을 주고 유지하면서 반대 방향으로 골반을 돌린다. 이때 안쪽으로 돌린 발목이 돌아가지 않도록 한다.

골반을 밖으로 돌리게 스트레칭 한 다음 안쪽으로 돌린 발목을 바깥쪽으로 돌리는 것처럼 바닥에 힘을 주고 버틴다. 실재로는 발목이 돌아가지 않아야 한다. 5초간 유지하면서 각각의 다리에 3~5번 반복한다.

■ 선 자세에서 골반 내회전근 스트레칭
(Stretching for Internal Hip Rotators)

골반 내회전근 스트레칭을 위해서는 발목의 방향이 밖으로 향하는 것을 제외하면 골반 외회전근 스트레칭과 같은 자세를 유지한다. 발목을 최대한 밖으로 향하도록 하고 골반은 수평을 유지한다. 바깥쪽으로 돌린 발목 반대 방향으로 골반을 회전시킨다. 골반 내회전 근육을 스트레칭을 한 후 내회전 근육 스트레칭과 같이 발을 처음 위치로 돌리는 것 처럼 안으로 돌리도록 힘을 준다. 실재로는 발목이 돌아가지 않도록 해야 한다. 5초간 유지하고 각각의 다리를 5번 반복한다.

■ 90 도 90 도 골반 스트레칭

스윙을 하는 동안 골반의 회전제한이 있다면 90 도/90 도 골반 스트레칭이 가장 효과적인 스트레칭이 될 것이다. 그림과 같이 양쪽 무릎을 세우고 바닥에 앉는다.

한쪽 방향으로 무릎을 구부린 상태로 회전 시켜 90 도/90 도 모양을 만든다. 양손은 이러한 손의 위치가 스트레칭을 하는 동안 올바른 동작을 유지하는 역할을 해준다. 마치 골반을 하나의 접시로 생각할 때 벨트 안의 내용물을 쏟아내듯 골반을 앞으로 기울인다. 편안함을 느끼는 수준의 스트레칭에서 잠시 멈추고 앞쪽 무릎과 발목을 바닥에 누르면서 5 초간 유지한다. 이완 후 다시 더 깊숙이 스트레칭을 해본다. 한쪽 다리마다 3 번 내지 5 번 반복한다.

* 만약 골반이 너무 긴장된 상태로 유지되어 위에 제시한 골반을 앞으로 기우는 동작을 할 때 허리의 만곡이 유지되지 않는다면 키네시오 테이핑을 하면 도움이 될 수 있다. 테이핑은 원래 요통이 있는 사람이나 스포츠선수에게 근육을 지지해주어 통증완화에 도움이 되는 방법인데 허리의 만곡을 유지하거나 골프 중에도 사용한다면 허리나 어깨를 지지하는데 도움이 될 것이다.

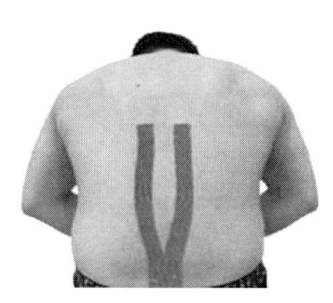 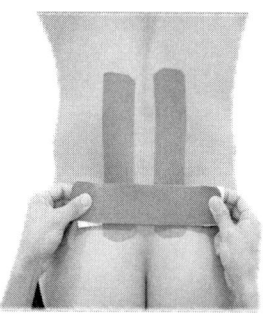 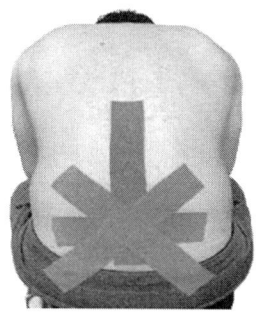

허리 테이핑 방법은 꼬리뼈 위쪽으로 한줄을 Y 모양으로 붙여도 되고 그림처럼 두줄을 척추 옆으로 붙이고, 가로로 한줄 추가로 붙여도 된다. 통증이 심하다면 일직선으로 십자 모양으로 붙인 후 X 자 모양으로 추가로 붙이는 방법도 추천한다. 만약 테이핑을 한 후 가렵거나 두드러기가 나타난다면 테이핑을 바로 제거한다.

■ 서혜부 스트레칭

이 스트레칭은 많은 운동 선수들이 서혜부를 스트레칭하기 위해 사용하는 방법이다. 바닥에 그림과 같이 상체를 세우고 발바닥을 마주보게 앉는다. 팔을 양쪽 발목 위를 잡고 호흡을 깊게 들이마신 다음 발목을 가슴 쪽으로 혹은 가슴을 발목 쪽으로 당긴다. 5 초간 유지하고 5 번 반복한다.

■ 서혜부 및 고관절 스트레칭

이 스트레칭은 많은 운동선수들이 서혜부를 스트레칭하기 위해 사용하는 방법이다. 바닥에 그림과 같이 상체를 세우고 발을 뻗고 앉는다. 팔을 이용해 엉덩이를 살작 들어 발바닥으로 모으며 무릎을 양쪽으로 벌리며 무게 중심을 이동한다. 호흡을 깊게 들이마신 다음 5 초간 유지하고 5 번 반복한다.

■ 서혜부 앞으로 기울면서 스트레칭

서혜부 앞으로 기울면서 하는 스트레칭은 서혜부 이완에 아주 효과적인 스트레칭이다. 무릎을 보호하기 위해 가능하면 부드러운 매트나 카펫에서 수행한다.

무릎을 꿇은 자세를 유지하면서 가능한 범위까지 옆으로 무릎을 벌린다. 위쪽 서혜부가 편안한 범위까지 체중을 앞으로 숙인다. 호흡을 들이 마시고 바닥에 무릎을 조이면서 5 초 유지한다. 호흡을 내뱉고 서혜부를 이완시키면서 서혜부가 바닥에 닿을 정도로 앞으로 내린다. 서혜부가 이완되면서 점차 스트레칭은 뒤쪽, 중간, 앞쪽으로 수행한다.

서혜부 근육은 상당히 크고 강하게 골반과 대퇴골을 연결하고 있다. 서혜부 근육이 너무 긴장되어있다면 안정된 스윙 축을 유지할 수 없기 때문에 스윙 시 골반 회전을 방해한다. 따라서 다른 스트레칭과는 다르게 자주 반복하여 수행한다.

9) 광배근 검사(Lattisimus dorsi test)

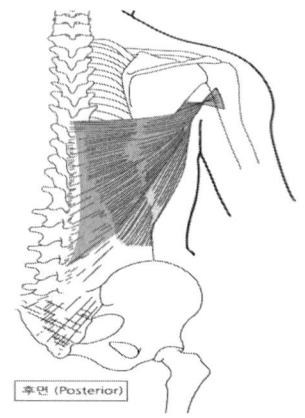

광배근은 등의 매우 큰 근육으로 들어올린 팔을 내리거나, 어깨를 안쪽으로 당길 때, 그리고 수영을 할 때 물을 가르는 역할을 한다.

■ 벽에 기대어 팔 올리기 검사(Arm Raise Test)

팔 올리기 검사는 광배근의 단축 정도를 평가하는 검사방법이다. 이 검사는 어깨, 등, 엉덩이 등을 벽에 기대고 뒤꿈치를 한 발자국 정도 벽에서 앞으로 나와서 검사한다.

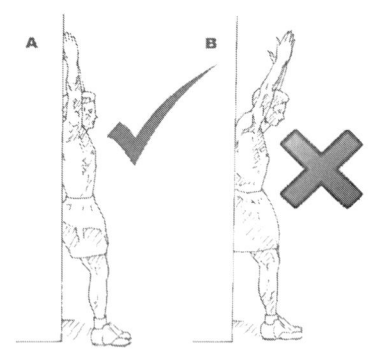

검사자는 손이나 자를 이용하여 허리가 벽에서 얼마만큼 굴곡을 만드는지를 확인한다. 그리고 대상자에게 두 손을 모으고 머리 위로 팔을 뻗어보라고 해서 허리가 벽에서 뜨지 않고 팔을 벽에 기댈 수 있다면 정상적인 운동 범위를 가진 것이다. 만약 팔을 벽에 기대고자 할 때 허리의 만곡이 증가하거나 벽에서 멀어진다면 광배근의 단축이 있는 것이다. 광배근 스트레칭으로 교정할 필요가 있다.

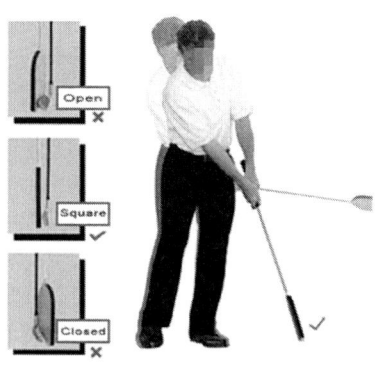

왼쪽의 광배근 단축은 백 스윙때 오른쪽 광배근 단축은 팔로우 스로우시 영향을 끼친다. 짧아진 광배근을 과도하게 사용하고자 할 때 어깨 회전근육에 무리하게 힘이 가해진다. 결국 스윙 궤도를 변화시켜 임팩트 순간 클럽 페이스를 닫게 만든다. 클럽페이스가 닫히면 공의 궤적이 왼쪽으로 향하고 클럽 페이스가 열릴 경우 공은 오른쪽으로 날아가게 되기 때문에 클럽 페이스가 닫혔다는 것은 드라이브를 목표하는 방향으로 보내는 게 힘들다는 것을 의미한다.

■ 광배근 스트레칭

양손을 머리 위로 들어 올린 상태에서 한쪽 손목을 잡고 준비 자세를 취한다. 잡고 있는 손 쪽으로 상체를 기울이며 반대쪽으로 골반을 이동시켜 광배근을 스트레칭 시키도록 한다. 20초간 유지하고 3번 반복한다.

광배근을 더 스트레칭 시키는 방법으로는 다리르 꼰 상태에서 실시 하면 더 효과적으로 측면 근육을 동시에 스트레칭 시킬 수 있다.

10) 흉곽 신전 검사

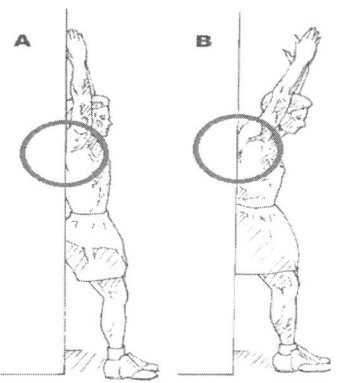

이 검사는 팔 올리기 검사와 같은 방법으로 진행한다. 흉곽 신전 검사는 가슴 부위(흉부)가 골프 스윙에 적합한 정도로 신전되는 가를 확인하는 것인데 이는 어깨부상과 연관이 깊다.

이 검사는 벽 기대고 팔 올리기와 같이 등을 벽에 기대고 뒤꿈치를 한발자국 앞으로 나와서 진행한다. 벽에 머리를 기대고 팔을 올렸을 때 가슴이 펴지지 않고 불편하다면 흉곽을 신전시키는 운동이 필요하다.

만약 팔을 올렸을 때 머리, 어깨, 엉덩이가 벽에 잘 유지되고 있다면 정상적인 흉곽신전을 가진 것이지만 등이 곧게 펴지지 않는다면 골프 스윙 시 어깨 손상에 부상을 초래할 수도 있는 구조를 가진 것이다. 이러한 이유는 어깨를 140도 들어 올렸을 때 가슴이 펴지지 않는다면(등이 펴지지 않는다면) 어깨 회전 근육 중 극상근이라는 근육이 견봉이라는 뼈 아래쪽에 끼이면서 통증을 일으키는 충돌증후군이라는 정형외과적 문제를 야기시킬 수 있기 때문이다.

네발 기기 동물의 예시와 같이 어깨가 앞으로 전위되고 등이 굽게 되면(round shoulder), 백 스윙과 팔로우 스로우 궤도을 짧게 만들어 골프에서 좋은 스윙 궤도를 만들지 못한다. 결과적으로 파워가 줄어들고 비거리가 짧아 지게 되는 것이다. 일반적으로 골퍼들은 흉곽 신전을 보상하기 위해 백 스윙 시 골반을 과도하게 펴거나 어깨를 과도하게 움직이고자 하는 보상현상이 발생한다. 과도한 어깨의 움직임은 팔을 이용한 스윙을 만들고 어깨 부상을 초래할 수 밖에 없다.

경직된 등(흉추부위)에 의해 보상적으로 스윙 축의 변경은 스윙 궤적과 스윙 궤도를 방해할 수 밖에 없고 결국 두껍거나 얇은 샷과 같은 쵸핑 샷과 같은 스윙이 된다.

슬라이스가 발생하던지 간에 골프에서 흉추 부위의 신전은 아주 중요하다. 흉추 부위가 신전되지 않고 등이 굽은 경우 광배근, 소흉근, 복직근, 어깨의 내회전 근육등도 단축되는 경향이 있다. 폼 롤러 운동은 등이 굽은 현상을 교정할 수 있는 운동의 한 예다. 또한 한 팔을 이용한 로윙 운동도 교정에 도움이 될 것이다.

■ 폼 롤러를 이용한 등의 신전운동

많지는 않지만 때로는 척추의 퇴행성 변화가 있는 사람들은 폼 롤러를 이용한 운동을 하는 경우 가급적이면 의사가 이 동작을 해도 좋다는 허락을 받는 게 좋다.

폼 롤러를 이용한 등의 신전운동은 폼 롤러를 어깨 견갑골(어깻죽지) 아래쪽에 두고 두 손을 목뒤로 감싼 후 등을 완전히 신전시킨다. 등을 신전시키는 동안 목을 들지 않도록 주의한다. 목을 들고 신전운동을 할 경우 목의 불편함을 초래할 수 있다.

골프를 하기 전 하루 전 혹은 전날 밤에 이러한 등 신전운동을 3~5번 반복해서 한다면 관절의 가동화 범위가 좋아져 척추의 유연성이 향상된다. 하루 2번 정도 꾸준히 반복하도록 한다.

때로는 폼 롤러를 수직으로 두고 가동화 운동을 할 수도 있다. 이런 경우 자연스럽게 중력에 의해 척추근육이 이완되면서 만곡이나 척추 정렬을 만들 수 있다. 척추 정렬이 좋을수록 더 좋은 골프 스윙을 만들 수 있다. 폼 롤러를 뒤쪽 머리부터 꼬리뼈 쪽으로 길게 두고 무릎을 항상 굽히도록 한다. 처음에는 하루에 약 5분 정도에서 점차 15분까지 시간을 늘린다. 허리 회전 근육의 가동화를 향상시키기 위해서는 골반과 어깨를 폼 롤러와 반대쪽 방향으로 회전하여 돌려본다.

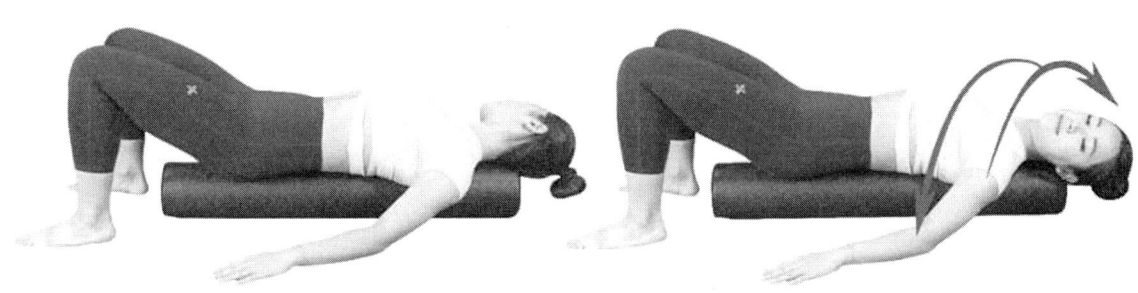

■ 흉추 신전 스트레칭

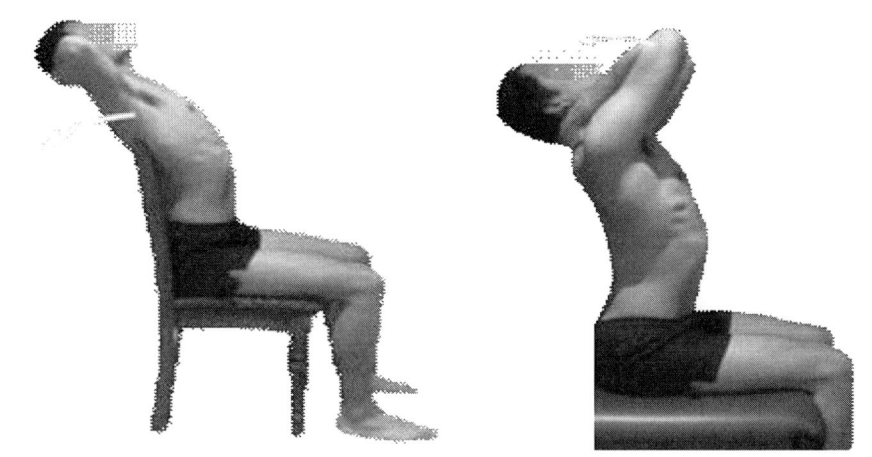

의자에 앉아 흉추 신전 스트레칭은 등이 굽어(kyphosis) 어깨가 둥근 형태를 보여(round shoulder) 척추회전 시 상당한 제한이 있는 사람에게 도움이 된다. 앞서도 설명하였듯이 어깨가 안으로 굽어있으면 회전 반경(회전 반지름)이 줄어들게 되어 임팩트 시 파워가 현저히 줄어들게된다. 따라서 회전 반지름을 크게 하고 어드레스부터 백스윙 시 회전 축을 일정하게 유지하기 위해서는 흉추 부위가 곧게 펴있는게 중요하다. 만약 등이 굽어 만성적일 경우 골프에서의 비거리에 영향을 미치는 것 뿐만 아니라 어깻죽지 양쪽 내측에 통증을 느끼거나 허리에도 영향을 미칠 수 있다.

앉은 자세에서 목 뒤쪽으로 두손을 깍지끼고 팔꿈치는 가슴쪽으로 모아서 가능한 범위까지 상체를 뒤로 젖힌다. 이때 주의해야할 것은 허리를 너무 뒤로 젖히지 않도록 한다.

의자에 앉아 흉추 신전은 허리가 과도하게 젖혀지는 것을 예방할 수 있다. 목 뒤 머리뒤쪽에서 양손을 맞잡고 팔꿈치는 바깥쪽으로 향하게 한다. 목을 가볍게 뒤로 넘기면서 팔꿈치를 가능한 범위까지 뒤로 넘기면서 가슴을 편다. 20 초간 유지하고 3 번 반복한다.

■ **복직근의 스트레칭**

골퍼 중에 등이 굽은 사람들은 어깨통증을 유발할 수 있으며 잘못된 스윙의 원인이 된다. 따라서 등을 펴는 스트레칭이 중요하다. 복직근 스트레칭의 가장 효과적인 방법은 짐볼에 누어 허리와 등을 펴는 것이다. 이 동작은 복직근의 이완과 척추의 정렬에도 도움이 된다.

짐볼에 앉아 발을 앞으로 걸어나가면서 자연스럽게 허리와 등이 짐볼위에 걸치면서 눕도록한다. 팔은 머리 위쪽으로 뻗는다. 다리의 위치를 수평으로 유지하면서 등으로 짐볼을 누르게 되면 더 크게 스트레칭이 될 것이다. 천천히 앞으로 뒤로 공을 보내면서 뻗은 팔이 바닥에 닿거나 떨어지도록 해본다. 최소한 1 분 이상하도록 한다.

만약 날아가는 비행기를 쳐다볼 때나 혹은 찬장으로 물건을 꺼낼 때 어지러움을 느낀다면 복직근 스트레칭을 할 때도 어지러움을 느낄 수 있다. 만약 비정상적인 어지러움을 느낀다면 그 즉시 스트레칭을 그만두어야 한다. 때때로 등이 제대로 펴지지 않고 목을 과신전할 경우에도 구토 또는 어지럼증을 느낄 수 있다. 정상적이지 않는 이런 어지럼증과 구토 증상이 있다면 혈관 전문의 또는 이비인후과 전문의를 찾아보는게 좋다.

11) 척추 기립근 검사(Errector spinae test)

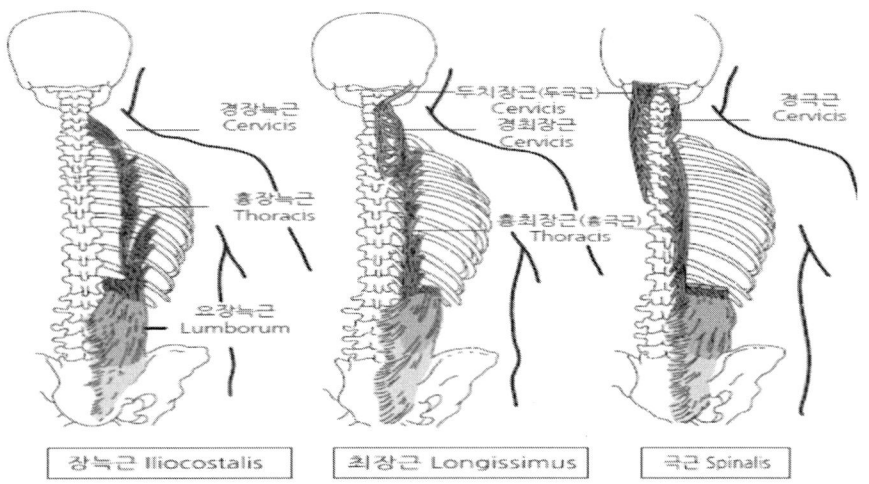

척추 기립근은 척주를 신전시키는 기능을 가지고 있다. 척추 기립근은 인체가 중력을 견뎌 상체를 바로 세울 수 있도록 한다. 척주를 굽혀 중력이 증가하면, 중력에 저항하는 척추 기립근이 상체가 땅에 떨어지지 않도록 지지하면서 자세를 유지하는 역할을 한다. 골프에서 척추 기립근은 어드레스 시 상체가 중력으로 더 굽혀지지 않고 일정하게 유지하도록 한다.

◆ 엎드려 상체 세우기 검사(McKenzie Press Up)

엎드려 상체 세우기는 뉴질랜드 물리치료사 메킨지에 의해 고안되었는데 골퍼에 있어 요추의 신전 능력을 평가하는 검사 방법이다. 이 검사는 때때로 기능적 추간판(디스크) 검사의 보조적인 방법으로 쓰여지곤 한다.

요추 신전 평가는 팔을 어깨 위치에 두고 손바닥은 바닥에 두고 엎드린다. 천천히 호흡을 깊게 들이마시고 팔로 바닥을 밀어내면서 상체를 펴는 자세를 취한다. 이때 허리나 골반은 바닥에 대고 있어야 한다. 상체를 완전히 펴서 들어올린 후 호흡을 내 쉰다.

요추 신전이 정상적이라면 바닥을 미는 팔이 굽혀지지 않고 완전히 편 상태로 상체를 들어올려야 한다. 만약 상체를 완전히 들어 올리지 못한다면 엎드려 상체 세우기 스트레칭을 유연성 향상 프로그램에 포함시켜 트레이닝을 한다.

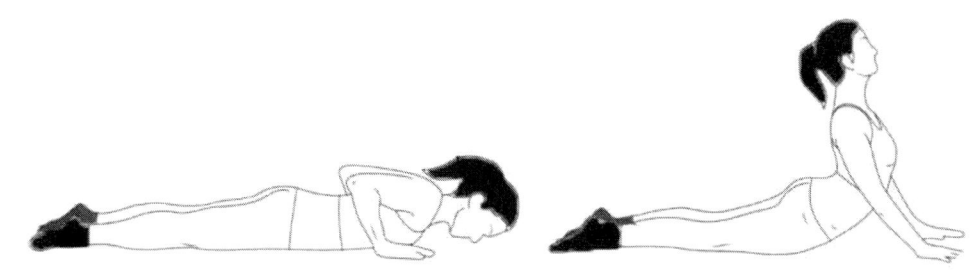

골퍼가 요추 신전이 부족하다면 정상적인 백 스윙과 팔로우 스로우를 만들 수 없다. 또한 요추 신전제한은 보상적으로 어깨를 과도하게 사용하게 할 것이고 어깨 충돌증후군의 주요한 원인이 된다. 어깨 충돌증후군은 어깨를 들어올리는 끝지점에서 통증이 발생하는데 백스윙에서 왼쪽 어깨가 팔로우 스로우 시 오른쪽 어깨에서 경험하게 된다.

유연성 운동은 근육을 강하게 만드는데 목적을 둔 것이 아니다. 스트레칭이나 유연성 운동은 관절의 정상적인 움직임 범위를 회복하는데 그 목적이 있다. 따라서 너무 강하게 반복하거나 너무 많은 회수를 진행할 경우 오히려 근육 손상을 초래할 수 있기 때문에 전문가의 도움을 받는 것이 좋다.

■ 엎드려 상체세우기(Mckenzie Press Up)

이 운동은 허리를 신전시키는데 아주 효과적인 운동이다. 그림과 같이 배를 바닥에 대고 엎드려서 상체를 들어올린다. 손의 위치는 어깨와 수평이어야 한다. 호흡을 깊게 들이마시고 푸시업에서 상체를 위로 들어올리는 동작과 같이 손으로 바닥을 밀어낸다. 호흡을 내쉬면서 더 크게 허리를 펴 들어올린다. 골반 근육과 척추근육에 힘이 들어가지 않도록 주의해야 한다. 호흡을 들이 마시면서 처음 위치로 바닥에 상체를 붙인다. 골프 시즌기에는 이 스트레칭을 10번 정도 반복한다.

이 동작은 근력 운동이 아니다. 허리 주변 근육이 제대로 움직이도록 돕는 가동화 운동이다. 이 운동을 하는 동안 몇번의 반복 후에는 약간의 불편함이 있을지도 모른다. 하지만 처음부터 매번 반복할 때마다 허리 통증이나 불편함이 지속된다면 정형외과나 신경외과 전문의 진료를 받아보는 것이 좋다.

■ 척추 기립근(Lumbar Erectors) 스트레칭

척추 기립근을 스트레칭 하기 위해서는 누워서 두 다리를 가슴까지 끌어당긴다. 가장 좋은 스트레칭 방법은 다리를 가슴 쪽으로 당기면서 호흡을 내뱉는다. 허리가 완전히 스트레치 되고 편안함을 느낄 때 두 다리를 잡고 있는 두 손에 저항을 유지하면서 무릎을 밀어내면서 5초간 유지한다. 이후 한번 더 깊숙이 두 다리를 가슴까지 당긴다.
호흡을 내뱉으면서 무릎이 가슴에서 멀어졌다 가까워질 수 있도록 허리와 골반 근육을 움직인다. 5초간 실시한다. 척추기립근 스트레칭은 3~5회 반복한다.

만약 두 다리를 모아서 하기 불편하다면 한 다리만 가슴까지 당겨서도 할 수 있다. 허리디스크 수술 경험이 있거나 요통의 경험이 있는 사람에게서는 한 다리로 하다가 점차 두 다리로 할 수 있도록 한다. 만약 정형외과나 신경외과에서 디스크로 진단을 받았을 경우라면 이 동작을 해도 좋다는 허락을 받는게 좋다. 또한 스트레칭을 하는 동안 허리에 불편함을 느낀다면 허리 아래쪽에 보조쿠션이나 수건을 말아서 허리에 받치고 하는 것도 도움이 된다. 수건이나 쿠션은 배꼽아래 두번째 세번째 요추 아래에 받친다. 스트레칭을 하는 동안 꼬리뼈를 들지 않도록 주의한다.

12) 골프 엘보우 검사

클럽과 클럽 헤드의 컨트롤 능력은 모든 골프 기술의 정확성과 정밀성을 최종적으로 발휘하게 하는 기술이다. 임팩트 순간 클럽 헤드를 볼과 스퀘어로 유지하는 동작이나 숏 게임 기술과 벙커 샷과 같은 트러블 샷을 자신이 의도하는 대로 일정하게 발휘하고자 한다면 팔꿈치에 통증이 없어야 한다. 아래팔(전완)과 손목 관절의 움직임에 관여하는 팔의 근력이 약하다면 강한 그립을 유지하지 못하고 얕은 그립의 원인이 된다.

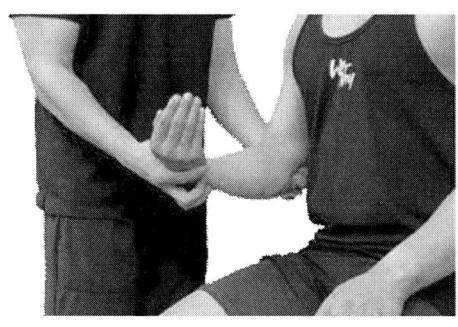 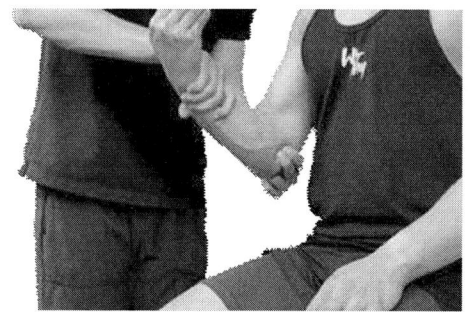

의자에 앉아서 팔꿈치를 펴거나 굽히고 팔을 손바닥 방향이 위로 가도록 회외시킨다. 저항에 맞서서 손목을 굽히게 한다 한다. 팔꿈치 내측부에 통증이 있으면 골프 엘보우(내측 상과염)이 있는 것으로 본다.

■ 손목 신전근 스트레칭

팔을 위로 하거나 아래로 해서 스트레칭을 할 수 있다. 손바닥이 아래로 가도록 손목을 당기면서 스트레칭을 한다. 각각의 손목을 3~5회 반복한다.

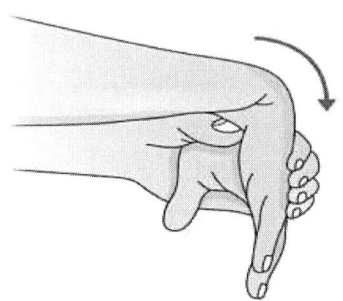

■ 손목 굴곡근 스트레칭

팔을 앞으로 뻗고 손등 쪽으로 손목을 굽혀 올린다. 반대쪽 손을 이용해 손가락을 가슴 쪽으로 당긴다. 숨을 들이마시면서 5초 정도 손목을 당기고 숨을 내쉬면서 이완을 시킨다. 3~5회 반복한다.

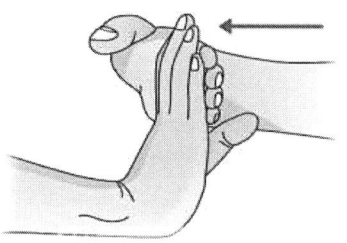

◆ 스트레칭 프로그램의 작성 예

나에게 적합한 골프 스트레칭 프로그램을 만들기 위해서 어떤 근육이 단축되었는지 평가하고 프로그램을 계획하는 것이 효율적으로 골프에 적합한 몸을 만들 수 있다.
다음 검사표를 활용해 어떤 근육이 단축되었고 어떤 근육이 정상인지 작성해서 나에게 꼭 맞는 프로그램을 만들어보자.

검사	결과		해당 근육	교정 스트레칭
	단축	정상		
목의 좌우 굴곡신전 검사			사각근, 흉쇄유돌근	목 좌우 굴곡 스트레칭
목 회전 검사			사각근, 흉쇄유돌근	목 회전 스트레칭
파트너 어깨에 팔 올리고 목 회전 검사			견갑거근	견갑거근 스트레칭
어깨 회전근육(애플리 스크레치, 충돌 증후군, 어깨 외회전)검사			어깨 내, 외측 회전근육 (회전근개)	어깨 내측 회전, 외측 회전근육 스트레칭
소흉근, 대흉근 검사, 어깨 외회전 검사			소흉근, 대흉근	흉근 스트레칭, 어깨 외회전 스트레칭
척추 회전 검사			허리 심부근 (다열근, 회전근)	허리 회전 스트레칭
허리 측굴 (사이드 벤드) 검사			요방형근, 복사근	요방형근, 복사근 스트레칭
고관절 굴곡근 검사(토마스 검사)			대퇴사두근, 햄스트링	런지 스트레칭, 대퇴사두근 스트레칭
누워서 무릎 신전검사			하부 햄스트링	누워서 햄스트링 스트레칭, 비복근 스트레칭
선 자세에서 햄스트링(웨이터 서빙) 검사			상부 햄스트링	선 자세에서 햄스트링 스트레칭
골반 회전 검사			골반 내회전, 외회전근육	골반 회전 스트레칭, 90도 90도 스트레칭, 서혜부 스트레칭
벽에 기대어 팔 올리기 검사			광배근	광배근 스트레칭, 복직근 스트레칭
흉추 신전 검사			흉추부 근육	폼 롤러 스트레칭, 흉추 신전 스트레칭
엎드려 상체 세우기(메킨지 프레스 업) 검사			요추 신전근육	엎드려 상체 세우기 스트레칭
골프 엘보우 검사			손목 신전근, 굴곡근	손목 신전근, 굴곡근 스트레칭

제 4 장. 골프 선수 영양 관리

제 4 장. 골프 선수 영양 관리

1. 골프 선수 영양 관리의 필요성 및 방법

1) 골프 선수 영양 관리의 필요성 및 종목별 특성

골프 선수에게 스포츠 영양의 과학적 접근은 지구력, 속도, 근력, 집중력 뿐만 아니라 회복 능력과 피로 조절을 향상시키는데 매우 중요한 역할을 하며, 각 종목 특성에 맞는 영양 보충 전략이 필요하다.

선수에게 영양 섭취와 체중 관리에 대한 조언과 스포츠 영양 프로그램을 전략적으로 수립하는 것은 차이가 있다. 스포츠 영양 프로그램 교육은 일반적인 영양 지침과 과학적 근거를 기반으로 하며, 선수들의 일상에 맞춘 권장 사항을 포함해야 한다. 이러한 프로그램의 목표는 선수와 지도자에게 영양학적 지식을 제공해 영양 상태를 평가하고 부족한 부분을 보충하며, 올바른 영양 섭취를 습관화하도록 돕는 것이다.

좋은 영양 계획은 운동 전/후뿐만 아니라 쉬는 날과 시즌, 비시즌 모두에서 쉽게 실천 가능해야 하며, 적절한 영양 보조제도 활용할 수 있어야 한다. 영양 관리는 훈련과 분리된 요소가 아니라, 선수의 전반적인 경기력 향상을 위한 중요한 구성 요소로서 통합되어야 하며 [그림 1]과 같은 "수행력 영양 연속체"를 참고하기 바란다.

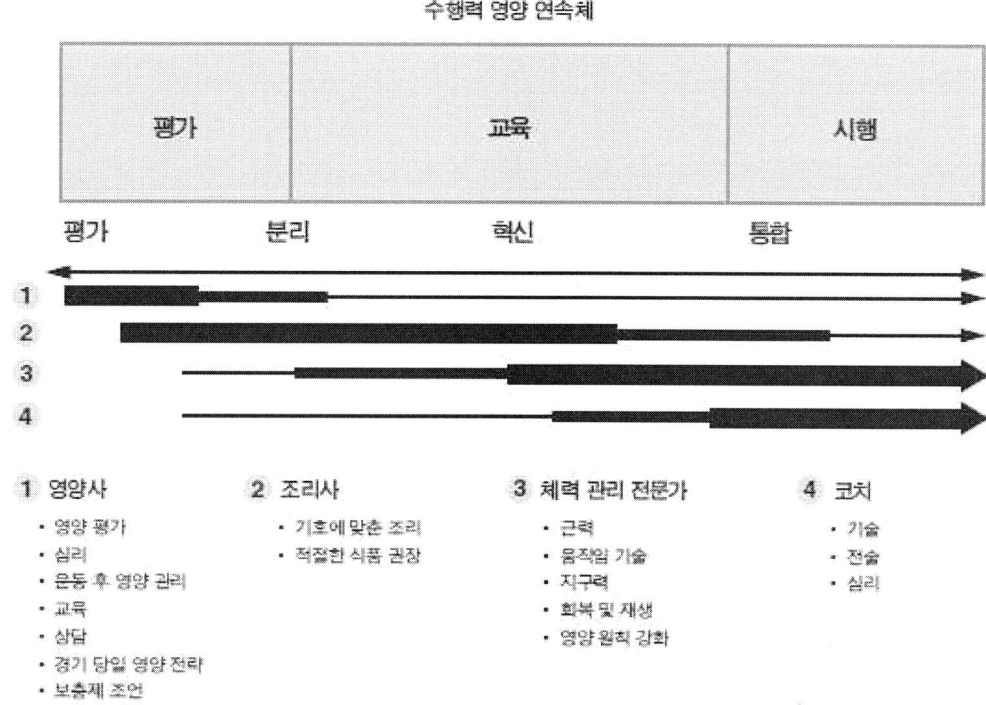

그림 1. 많은 전문가가 '수행력 영양 연속체'의 모든 단계에 걸쳐 스포츠 영양 프로그램을 시행하는 데 관여할 수 있다. 영양사, 조리사, 체력 관리 전문가, 그리고 코치는 프로그램의 각 단계에 따라 모두 참여한다. 이 그림의 화살표 두께는 각 전문가의 참여 정도를 나타낸다(NSCA 스포츠와 운동, 대성의학사).

(1) 운동 선수의 영양 계획 수립

지도자 및 선수를 위한 영양 계획[그림 2]은 비시즌 훈련일 또는 시즌의 경기 일정에 대한 구체적인 계획을 포함해야 한다. 계획에는 선수가 일상적으로 따를 수 있는 영양 섭취, 수분 공급 및 회복에 대한 지침이 포함되어야 한다.

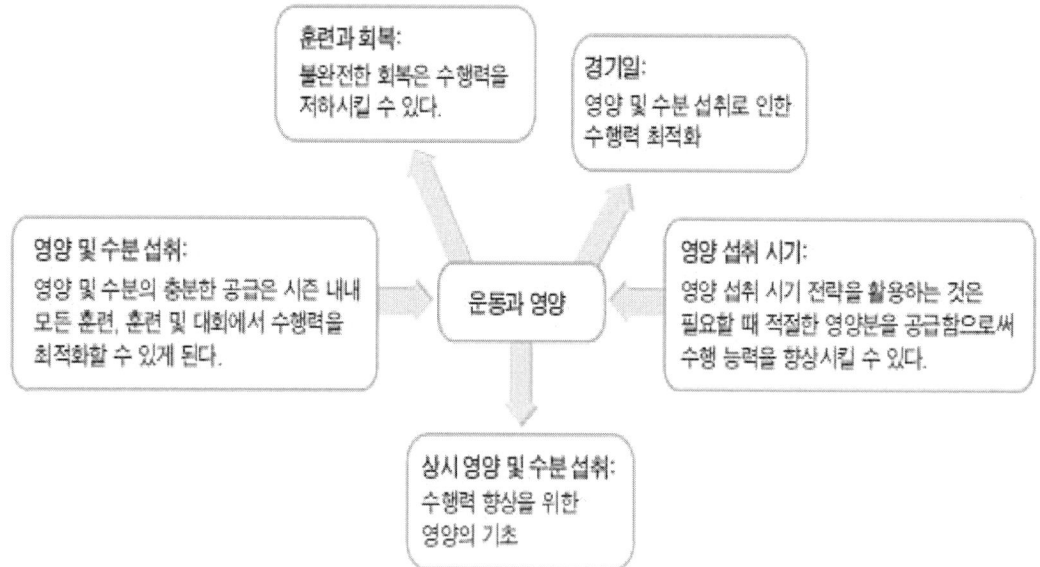

그림 2. 골프선수의 영양 계획은 일상의 좋은 영양을 기본으로 삼아야 하며 경기뿐만 아니라 훈련과 회복을 위한 영양 계획도 포함해야 한다(NSCA 스포츠와 운동, 대성의학사).

운동 전, 운동 중 및 운동 후 영양 섭취 프로그램 설계는 훈련 방식과 훈련 양에 의한 회복을 강화하기 위해 적절하고 시의 적절한 단백질 및 탄수화물 섭취를 보장해야 한다. 그렇게 하기 위해서는 신체 활동량의 파악 및 식사량의 정확한 기록과 관리가 중요하다. 운동 전·중·후의 영양 프로그램 이후 세 번째 프로그램 개발 단계는 시즌 또는 비시즌 전략이다.

시즌의 경기일 당일 전략은 신체에 영양 섭취를 통한 영양소와 수분을 공급하고 경기의 스트레스로부터 회복하는 데 필요한 것에 초점을 맞추어야 한다. 지도자 및 선수는 최적의 영양 프로그램을 개발하기 위해 단순히 몇 g의 단백질, 탄수화물, 지방의 가이드라인의 제공이 아니라 경기력 향상을 위한 선수들의 요구 및 전체를 살펴볼 수 있어야 한다. 지도자와 선수의 성공적인 영양 개선을 하도록 유도한다.

골프선수들의 라이프스타일(예: 패스트푸드, 요리, 문화, 음식 선호도)에 적합하고 각 종목별 특성에 맞춘 구체적인 영양 계획이 필요하며, 공통적인 영양 전략도 중요하지만 개별화된 접근이 더 유익하다. 특성화 되어야 보다 더 유익하다. 그러나 지도자 및 선수는 그러한 계획을 받아들이고 실행할 준비가 되어 있어야 한다. 지도자는 선수의 변화를 받아들일 준비 상태를 평가하고, "① 영양 평가 / ② 영양 분석 / ③ 영양 보충 및 교육 / ④ 영양 관리 및 평가"의 단계를 통해 이를 관리해야 한다.

간단한 도구를 활용해 선수들이 건강한 영양 섭취 습관을 들이도록 돕는 것이 유용하며, [표 1]의 수행력 영양 평가는 선수 스스로의 영양 상태를 평가하는 데 도움이 된다. 이러한 정보를 활용하면 행동 변화 과정에 집중할 수 있다.

수행력 영양 평가

지침: 선수가 자신이 과제를 잘 수행하고 있지 않다고 생각하면 1에 표시하고, 과제를 잘 수행하고 있다고 생각하면 5에 표시한다.

깔끔한 식사	1	2	3	4	5
식사 빈도	1	2	3	4	5
수화 상태 유지	1	2	3	4	5
회복 상태	1	2	3	4	5
마음 가짐	1	2	3	4	5

표 1. 이 영양 평가는 상담 시작 및 향후 상담 시에 사용하기 좋은 도구이다. 골프선수가 식이를 어떻게 하고 있는지 스스로 생각하도록 도와주고 스포츠 영양사가 골프선수 스스로가 식이에 대해 실제로 무엇을 생각하고 있는지, 그들이 실제로 무엇을 하고 있는지 볼 수 있도록 도와준다(NSCA 스포츠와 운동, 대성의학사).

■ 단계 1: 평가

골프선수의 평가는 효과적인 계획을 세우는 첫 번째 단계이다. 각 종목의 선수를 알아가고 그들의 개개인별 상황과 객관적인 데이터를 이해하는 시간이다. 지도자 및 선수는 설문지나 측정 평가 장비를 활용해서 다음과 같은 정보를 수집해야 한다.

① **인체 측정 및 활동 데이터:** 신장, 체중, 체지방률 등 신체조성 데이터를 수집하고, 및 스포츠과학센터 또는 국민체력 100등의 결과를 활용하거나 디지털 헬스케어 장비(예: 스마트 워치)를 활용해 선수의 신체 활동량을 분석한다.

② **생화학적 자료:** 혈액 검사 등을 통해 선수의 생리적 상태를 평가한다. 탈수나 강도 높은 훈련이 생리적 변화를 일으킬 수 있으므로, 정확한 평가를 위해서는 훈련 상태를 고려해야하며, 측정 전의 음식과 음료 섭취는 특정 혈약 검사(예: 콜레스테롤, 중성지방) 결과를 변경할 수 있다. 하지만 현장에서 즉각적으로 실천하기에는 제함점이 있으며, 이러한 상황에서 간단한 디지털 헬스케어 장비들을 활용하여 심박수와 활동량을 실시간으로 기록하고 이를 관리할 수 있는 어플을 통해 변화의 추세까지 분석할 수 있다.

③ **스포츠(종목), 시즌 또는 비시즌(훈련 기간) 단계에서의 목표:** 종목과 시즌 상황에 따라 영양 요구가 달라진다. 예를 들어, 시즌과 비시즌에 필요한 영양 전략이 다르며, 이를 반영하여 선수들에 대한 맞춤형 영양 계획이 이루어져야 한다. 이러한 선수들의 음식 섭취량을 시즌 및 비시즌과 연관시켜 조정하는 개념을 영양 주기화라고 하며, 이는 훈련 주기화 개념과 일치하는 용어이다.

④ **영양 지식:** 지도자는 선수의 기초 영양 지식에 대한 기본 평가는 교육을 어디서부터 시작하고 어떤 개념에 초점을 맞춰야 하는지에 대한 아이디어를 제공해야만 한다. 영양학적 지식은 선수들에게 스스로 계획하고 관리할 수 있도록 권한을 부여하고 영양 권장 사항들에 대한 더 큰 이해를 제공해 주어야만 한다.

⑤ **변화 및 행동 준비 단계:** 횡단 모델은 영양 상담 전략을 결정하는 데 유용하며, 목표는 골프선수들이 이전 단계에서 다음 단계로 이동하여 긍정적인 행동을 영구적으로 채택하도록 돕는다. 단계를 너무 빨리 진행하거나 준비되지 않은 계획을 세우면 선수들이 이를 제대로 따르지 못할 수 있다.

⑥ **현재 식이 습관 및 섭취량:** 선수들의 영양 상태를 평가하기 위해 최소 24시간에서 최대 1주일간의 음식 섭취 기록을 분석하며, 보다 정확한 평가를 위해 식단 관리 어플을 활용해 식사와 간식의 사진을 촬영하고 기록한다. 또한, 문진을 통해 식료품 구매 빈도, 외식 습관, 하루 물 섭취량, 식사 횟수, 간식 종류, 아침 식사 빈도, 건강 보조 식품의 사용 여부 및 복용량, 그리고 운동 전·중·후 보충제 섭취 여부 등을 조사해 선수의 식습관을 종합적으로 평가한다.

⑦ **고려사항:** 알레르기, 싫어하는 음식, 불내증, 문화적 또는 종교적 이슈 등 고려해서 구성해야 한다.

⑧ **약물:** 지도자 및 선수는 항상 도핑 문제에 주의를 기울어야 하며 KADA(한국도핑방지위원회)에서 금지약물 확인 및 치료 목적으로 사용시 **"치료목적 사용 면책(TEU)"**를 사전 승인을 받고 사용해야만 한다. 이 부분은 의사도 정확히 모르는 경우가 많기 때문에 지도자 및 선수 스스로 주의를 해야 하며 또한, 처방약이나 비처방약이 식품이나 보충제의 영양소와 상호 작용하는지 확인하기 위해 약물-영양소 상호 작용을 확인해야 한다.

예를 들어, 수술 후 혈전을 예방하기 위해 혈액 희석제를 복용하는 선수는 음식과 보충제를 통한 비타민 K 섭취를 관찰하고 출혈 시간을 증가시킬 수 있는 보충제에 대해 알고 있어야 한다.

⑨ **부상:** 급성 부상 및 만성 손상은 훈련 및 활동 부하에 영향을 미칠 수 있지만 과훈련에 의한 부상은 영양 섭취 부족에 의한 징후일 수 있다.

⑩ **목표 및 일정:** 선수의 목표와 경기 시즌 일정을 파악하면 효과적인 교육 및 코칭 전략을 수립할 수 있다. 예를 들어, 골프 선수는 지역 대회나 세계대회, 실업팀 소속이라면 전국체육대회, 국가대표 선수는 세계선수권, 아시안게임, 올림픽 등 주요 대회를 목표로 훈련 일정을 조정하며, 랭킹 포인트를 쌓기 위한 중간 경기 일정도 고려해야 한다.

■ **단계 2: 분석**
평가 이후에는 분석이 매우 중요하다.

① **각 종목별 골프선수들의 개인별 칼로리 요구량**을 결정하기 위해서는 골프선수의 안정 시 대사율을 측정하거나 에너지 소비 방정식을 사용하여 다음과 같은 활동을 설명할 수 있다. 만약 선수가 체중을 늘리거나 줄이려면 기초 대사율(BMR)과 활동 총량에서 하루 500~1,000kcal를 더하거나 빼야 하며 주당 약 2~4kg의 체중 감소 또는 증가가 바람직하다. 체중 감소 또는 증가의 정도는 골프선수의 유전적 특성, 일일 칼로리 소비량, 주당 휴식 및 회복 일수, 훈련 단계의 유형에 따라 다르게 나누어진다.

② **선수의 목표 또는 문제**(예: 경련, 체중 관리, 피로, 통증)를 해결하기 위해서는 문제, 원인, 징후 및 증상을 체계적으로 나열해야 한다. 이를 통해 영양 요구에 맞춘 해결책을 제시할 수 있다. 예를 들어, 피로와 경련은 낮은 에너지 섭취, 부적절한 수분 섭취, 또는 경기 중 탄수화물/전해질 섭취 부족과 관련될 수 있다.

③ **선수의 탄수화물, 단백질, 지방 필요량은** 체중 1kg당 g 또는 총 칼로리 백분율로 계산할 수 있지만, 보다 정확한 영양 섭취를 위해 체중 기준 표기법이 권장된다.

예를 들어, 체중 60kg의 엘리트 여성 지구력 선수는 하루 1kg당 7~10g의 탄수화물을 섭취해야 하며, 이는 420~600g에 해당하고, 하루 총 칼로리 섭취량이 2,800kcal일 때 탄수화물 섭취가 총 칼로리의 60~85%에 해당할 수 있다. 이 경우, 탄수화물 비율이 과도할 수 있으므로 연구 기반의 다량영양소 지침을 참고해 적절히 조정하는 것이 중요하다.

④ **훈련 및 경기일에 필요한 영양 섭취 시기는** 선수의 체격과 훈련 목표에 맞춰 결정되어야 한다 (훈련 기간 및 강도에 따라 다름). 근력과 체격을 키워야 하는 선수는 운동 전·중·후에 적절한 영양 섭취 전략을 통합해야 하며, 강도 높은 훈련 시에는 추가적인 칼로리 섭취가 필요하다. 예를 들어, 2~3시간의 고강도 훈련 동안 추가적인 에너지 공급이 요구된다. 훈련량이 증가하면, 그에 맞춰 운동 후 탄수화물 섭취(운동 후 시기뿐 아니라)와 다량영양소 분배를 조정해야 한다. 모든 영양 전략은 선수 개개인의 목표와 상황에 맞춰 설계되어야 하며, 선수들이 전형적으로 섭취하는 음식이나 영양 보충제로 변환해 제공하는 것이 중요하다.

■ **단계 3: 개입과 교육**

① 골프 선수, 특히 고도로 훈련된 선수들은 자신의 생리적 특성과 스포츠에 따른 영양 요구에 대한 지식이 있다고 가정되지만, 종종 그렇지 않은 경우도 있다. 지도자와 함께 영양 전략을 개발할 때는 기초 교육에서 시작해 개인 맞춤형 및 종목 특성화된 접근이 필요하다. 보충제는 경기력 향상 도구로 중시되지만, 선수들은 먼저 기초 영양과 수분 보충에 집중한 후 성과 중심의 영양 전략을 추가하고, 그 후 보충제의 필요성을 검토해야 한다.

② 기본적인 영양 지식이 부족하면, 경기력 향상을 위한 영양 전략을 효과적으로 적용하기 어렵다. 행동 심리학적 요소와 선수들의 변화 준비 상태를 고려하지 않으면, 제공된 영양 전략은 실질적인 효과를 거두지 못할 수 있다. 행동 변화는 내재적 동기, 자기 효능감, 기초 지식에 따라 개인화된 접근이 필요하며, 이는 성공적인 프로그램 실행에 큰 영향을 미친다.

③ 행동 변화의 과학은 이론적 모델, 건강 신념 모델, 합리적 행동 이론, 계획 행동 이론, 자기 결정 이론, 포그의 동기 부여 파동 및 동기 지향을 기반으로 하며, 이러한 이론적 근거는 선수들의 영양 전략 적용과 행동 변화를 촉진하는 데 필수적이다.

- **내적 동기 부여**

내적 동기 부여는 선수 생활을 지속하고 발전하는 데 필수적이며, 부족할 경우 선수 생활이 중단될 수 있다. 내적 동기는 개인이 자신의 목표(예: 지속적 단계 상승)를 위해 행동하는 이유로, 이를 식별하고 강화하는 것이 중요하다. 영양 전략은 이러한 내적 동기와 연결되어 선수들이 목표 신체 조성을 유지하거나 달성하도록 돕고, 이를 통해 운동 수행 능력과 성과를 향상시킨다.

- **자기 효능감**

자기 효능감은 선수 생활의 중요한 기반으로, 자신의 운동 수행 능력에 대한 신뢰와 제안된 전략의 신뢰성을 긍정적으로 받아들이는 것이 핵심이다. 자신감은 과거의 성공 경험을 바탕으로 하며, 지속적인 실패는 자기 신뢰를 약화시킬 수 있다. 따라서 실현 가능한 목표 설정이 중요하며, 이는 자기 효능감과 신뢰를 강화하는 데 도움이 된다. 지도자는 선수와 협력하여 내재적 동기, 자기 효능감, 근성을 높이고, 이를 통해 최적의 경기력 향상을 달성해야 하고, 개입 방법에는 다음과 같은 요소가 포함되어야 한다.

① 운동, 영양, 수면 관리 교육.
② 트레이닝의 모든 단계와 주기적인 대회에서의 영양과 수분 섭취 계획 수립.
③ 구체적인 체중 1kg당 g의 권장법과 총 칼로리의 비율 비교.
④ 진단 중에 식별된 문제를 완화하는 데 도움이 되는 계획 수립.
⑤ 보충제 안전 및 도핑 교육.

많은 지도자 및 선수들은 보충제의 라벨에 식별되지 않은 성분을 포함하고 있거나 라벨이 부정확할 수 있다는 것을 알지 못하기 때문에 각 정부 및 기관(한국도핑방지위원회, 세계반도핑기구, 랩도어, AIS 등)에서 금지 약물 목록 확인 및 보충제에 함량 확인 및 유해성분이 있는지를 스스로 확인해야 한다.
그 다음 지도자 및 선수들에게 금지 약물 복용에 대한 책임이 있음을 상기시키고 금지 약물이 포함된 보충제를 복용할 경우 책임을 물어 소속 기관의 특정 규칙에 따라 징계를 받게 된다는 것을 인지시켜야 한다. 보충제의 안전성을 파악하는데 유용한 웹사이트는 다음과 같다.

▶ 한국도핑방지위원회 (ttps://www.kada-ad.or.kr/),
▶ 세계반도핑기구(https://www.wada-ama.org), 보충제 성분검사(https://labdoor.com/),
▶ 호주 AIS (https://www.ais.gov.au/nutrition/supplements)

⑥ 성공적으로 이어지는 현실적인 영양 시스템을 구축해야 한다. 훈련 중, 훈련 후 및 경기 중 사용하기 위한 정확한 영양 섭취 공식 및 제품 또는 식품을 확립해야 한다. 적절한 음식이 선수나 팀을 위해 선택 또는 배치되도록 조정해야 한다.
⑦ 각 종목 경기 일정 및 시즌과 비시즌에 맞추어 개개인별 단기 및 장기 목표를 설정한다.
⑧ 지도자 및 선수와 개인적인 관계가 있는 사람(배우자, 가족, 선수와 함께 일하는 다른 사람)을 함께 교육하면 더 효과적이다. 음식 과민증, 알레르기, 종교적 신념 등 개인적 상황을 고려한 전략을 세워야 한다.
⑨ 간단히 말해서 선수를 위한 완벽한 날을 위해 개발해야 한다. 표 2의 완벽한 하루 식사 예시는 영양분이 더 풍부한 식단을 섭취할 필요가 있는 선수를 위한 것이다. 식사 예시는 선수들이 먹는 것, 영양소 섭취 시기(훈련장에서 가까운 곳에서 먹어야 할 때), 그리고 건강에 좋은 음식을 식단에 포함시키는 데 도움을 주기 위해 사용될 수 있다. 선수들은 각 일반적인 범주 내에서 그들이 섭취하는 음식의 종류를 다양하게 하는 것이 좋다. 예를 들어, 간식으로 매일 생아몬드와 자두를 먹는 대신, 선수는 다양한 영양소와 항산화 식품을 식단에 넣기 위해 아몬드와 자두뿐만이 아니라 다양한 견과류와 과일을 고려해야만 이상적이다.

[하루 영양 섭취 계획에 대한 예시]

시간	식사
오전 5:00	기상
오전 5:15	통밀 식빵과 땅콩버터, 요거트
오전 6:00~7:15	운동
오전 7:30	운동 후 탄수화물과 단백질이 포함되어 있는 쉐이크
오전 9:30	베리류와 호두를 곁들인 오트밀, 채소를 곁들인 스크램블 에그, 저지방 치즈 그리고 올리브 오일
오후 12:30	저지방 드레싱을 곁들인 시금치 샐러드와 통밀 칠면조 샌드위치
오후 3:30	자두와 생아몬드
오후 6:30	구운 연어, 현미, 따뜻한 채소, 저지방 드레싱을 곁들인 녹황색 샐러드
오후 9:30	저지방 코티즈 치즈와 베리류

■ 단계 4: 관찰과 평가

영양 섭취 계획을 세우고 지도자 및 선수는 지속적인 관찰을 하고 평가 하기 위해서는 아래와 같은 방법을 사용한다.

① **체중 변화 관찰:**

필요에 따라 매일 또는 매주 체중을 측정하지만, 체중계의 숫자에 집착하지 않도록 주의 시키는 것이 필요하다.

② **신체조성 변화 관찰:**

월별 체지방 측정은 제지방 근육량 대비 체지방량의 변화를 측정하는 좋은 방법이다.

③ **수분 상태 관찰:**

수분 보충 방법을 평가하기 위해 훈련 전후에 골프선수의 수화 상태를 측정한다.

④ **식습관 관찰:**

식사 뿐만 아니라 하루 하루 섭취하는 모든 간식 및 보조제(보충제), 수분량까지 기록 한다.

⑤ **에너지 소비량 관찰:**

일일 에너지 소비량 및 주간 에너지 소비량 모두를 웨어러블 장비를 활용하여 기록하고 추적하고 신체 활동량을 관찰한다.

⑥ **개인적인 연락 관계 구축:**

지도자 및 선수와 원활한 의사소통을 해야 한다. 선수들과 연락을 취하는 것은 그들의 성공적인 영양 관리에 매우 중요하다.

시간이 걸리겠지만 때로는 스포츠 영양 관리를 위해서 정식 예약이나 정기적인 평가 계획은 지도자와 선수의 지속적인 관계 구축에 효과적인 방법이 될 것이다. 어플을 활용하거나 이메일과 문자 메시지 같은 통신 기술을 통한 건강 평가는 빠르고 간단하며 선수들의 건강 상태를 유지하는데 도움이 된다.

2. 경기력 향상을 위한 영양 관리

1) 체중 관리를 위한 영양 섭취 전략

　다양한 신체적 특성 중에서 체중 관리를 위한 신체 조성은 스포츠 종목과 성별에 상관없이 대부분의 지도자 및 선수들에게 있어서 매우 중요하게 여겨지고 있다. 지도자 및 선수는 신체 조성을 변화시키려고 할 때 근육량 증가 및 지방량 감소, 두가지 목표 중 하나를 가지고 있다.

　선수들은 스포츠 경기력과 관련된 체지방에 지나치게 관심을 갖는 경향이 있다. 대부분의 스포츠에서 최적의 신체 조성을 유지하지 못하는 것은 선수의 경기력에 부정적인 영향을 미칠 수 있다. 예를 들어, 축구 경기 중에서 제지방 근육량은 증가하지 않고 체지방만 증가하게 되면 공을 따라서 순간적으로 체중 이동을 해야 하는 상황에서 가속도, 점프 능력 및 전반적인 힘이 감소될 수 있다. 따라서 선수들의 운동수행력 향상 및 건강 관리를 위한 이상적인 체중과 신체조성을 소유하도록 도와주는 것은 단순히 체중을 유지하는 것 보다 훨씬 더 복잡하다.

　선수의 경우 적정 체중을 유지하는 것 외에도 순간적인 파워와 근지구력 증가와 기술을 향상시키고 또한 부상을 예방하고 부상 후 빠른 회복을 위해서도 적절한 근력과 신체조성의 구성을 관리하여야 한다. 신체조성은 식이, 운동, 영양보충제, 다양한 약물, 수술을 통해 조절 할 수 있지만, 본 장에서는 지도자 및 선수들에게 디지털 헬스케어를 활용한 유전자 검사 및 개인별 식단 관리, 수분 상태 평가를 통한 경기력 향상을 위한 영양학적인 기초자료를 제공하고자 한다.

(1) 에너지 균형

　선수들이 체중 감량과 지방량 감소를 달성하기 위한 방법 중 하나로 주로 소모되는 칼로리 양과 형태를 수정하는 것으로 에너지 균형 방정식을 바꾸는 것이다. 에너지 균형의 평형 상태는 에너지 섭취가 정상적인 대사과정과 신체활동 또는 운동을 통한 에너지 소비와 동일하다는 것을 의미한다.

　체중 유지를 위한 칼로리 균형 식단은 하루에 소비되는 총 에너지량과 동일한 칼로리를 섭취하는 것을 의미하며, 총 에너지 소비량(TEE)은 기초 대사율, 식이 섭취 후 발열 효과, 신체활동, 성별, 유전 등에 의해 결정된다.

　특히 개인의 유전적 특징에 따라 같은 영양소를 섭취해도 다른 반응이 나타날 수 있다. 그렇기 때문에 소비자 직접 의뢰 유전자 검사(Direct To Consumer Genetic Testing, DTC-GT)를 통해서 간편하게 선수 개인의 유전적 정보를 확인하고, 이러한 선수 개인의 유전자적 특성을 기반으로 전략적으로 식단을 구성하고 운동 프로그램을 관리하는 것이 효과적이다. 이 부분은 다음 장에서 보다 자세히 소개하도록 하겠다.

　체중 변화로 인한 에너지 균형을 완벽하게 유지하는 것은 쉽지 않다. 칼로리 섭취량이 소비량을 초과하면 양(+)의 에너지 균형이 형성되어 체중이 증가하고, 반대로 소비량이 섭취량보다 적으면 음(-)의 에너지 균형이 발생하여 체중이 감소한다. 또한, 같은 칼로리를 섭취하더라도 어떤 영양소를 섭취하느냐에 따라 운동 수행력, 근육 성장, 회복에 미치는 영향이 달라질 수 있다.

(2) 식이성 발열 효과

　총 칼로리 섭취량과 다량영양소 비율은 체중 변화에 중요한 역할을 한다. 탄수화물, 단백질, 지방은 각각 g당 4, 4, 9kcal의 에너지를 제공하지만, 소화, 흡수, 이동, 저장 과정에서 식이성 발열 효과 또는 식이 유발성 열발생(DIT)가 발생해 실제로 사용할 수 있는 에너지는 더 적다. 이 과정은 식사 후 신진대사를 증가시키며, 각각의 영양소가 소화에 필요한 에너지는 다르게 나타난다.

특히, 단백질의 열 발생 효과는 20~30%로 가장 높고, 탄수화물은 5~10%, 지방은 0~3%로 상대적으로 낮다. 이로 인해 같은 양의 칼로리를 섭취하더라도, 탄수화물과 단백질의 체중 증가 및 신체 조성 변화에 미치는 영향은 다르다. 예를 들어, 300kcal의 탄수화물과 300kcal의 단백질을 섭취했을 때, 다량영양소의 열 발생의 특성이 다르기 때문에 단백질은 더 많은 칼로리를 소모하게 된다. 따라서 체중 감량을 목표로 할 때, 저칼로리 식이를 하면서 단백질 섭취 비율을 높이면 근육량을 유지하고 더 많은 칼로리를 연소할 수 있다. 이러한 원리를 바탕으로, 목표 신체 조성에 맞는 적절한 영양 섭취와 보조제 활용을 통해 경기 시즌에 맞춘 식단 관리가 이루어져야 한다.

(3) 체중 감량시 문제점 및 주의사항

체급 경기가 중요한 종목인 태권도, 유도, 레슬링 선수들은 주로 체급을 맞추기 위해 '급속 체중 감량(Rapid Weight Loss)'을 실시한다. 이 과정에서 사우나, 인위적 구토, 단식, 이뇨제 사용 등 무리한 방법이 동원되며, 경기 후에는 체중을 다시 회복하기 위해 고열량 섭취를 한다. 이러한 급속한 체중 감량은 신체적, 정신적 고통을 초래할 수 있으며, 편두통, 근육통, 분노 등의 증상을 유발한다고 보고된 바 있다. 또한, 탄수화물 제한으로 인해 체내 케톤산 증가, 근육 경련 및 손상이 발생할 수 있으며, 이는 경기력 저하와 스포츠 손상 위험을 높일 수 있다.

이와 같이 골프라는 종목의 특성은 체급 종목이 아니지만 개인별 특성에 맞는 최적의 신체 조성을 유지하는 것이 중요하다. 근육 증가와 지방 감소는 필수적이며, 이를 위해 저에너지밀도(Low-energy dense, LED) 식품 섭취와 충분한 단백질 섭취가 필요하다. 열량 제한으로 인해 근육 단백질 합성이 감소하면 근육량이 줄어들어 경기력에 영향을 미칠 수 있다. 일반적으로 1일 평균 단백질 섭취량은 1.2~1.7g/kg이지만, 체중을 조절하는 선수는 1.8~2.7g/kg의 단백질 또는 제지방량 기준으로 2.3~3.1g/kg의 단백질 섭취가 권장된다.

권장 식품으로는 저탄수화물 식이인 견과류, 통곡물, 토마토 등이 있으며, 단백질 공급원으로는 계란 흰자, 아보카도, 연어 등이 있다. 체중 조절은 경기 1개월 전부터 시작하며, 이뇨제, 사우나, 구토 등 급속 체중 감량 방법은 피해야 한다. 주당 0.5~1kg의 체지방 감량을 목표로 하루 약 500~1,000kcal 섭취량의 감소가 필요하다.

2) 디지털 헬스케어를 활용한 피드백 제공 방법

■ DTC 검사를 활용한 유전자 기반 영양 섭취 및 회복 전략

최근 DTC(Direct to consumer) 검사는 질병관리청의 인정을 받아 소비자가 의료기관을 방문하지 않고, 온라인이나 매장 등을 통해 검사기관(기업)에 직접 의뢰할 수 있는 유전자 검사 서비스를 이용할 수 있다.

이를 통해 비타민A, 셀레늄, 루테인 등의 영양소와 골질량, 복부 비만, 체중 감량 효과, 체중 감량 후 회복(요요) 가능성 등 개인 특성에 대한 결과를 제공받을 수 있다. DTC 검사의 정확도와 유용성을 활용하면, 지도자는 선수들의 유전자적 특성에 맞춘 식습관, 수면 습관 및 생활습관 개선을 통해 선수의 건강과 경기력 향상에 기여할 수 있다.

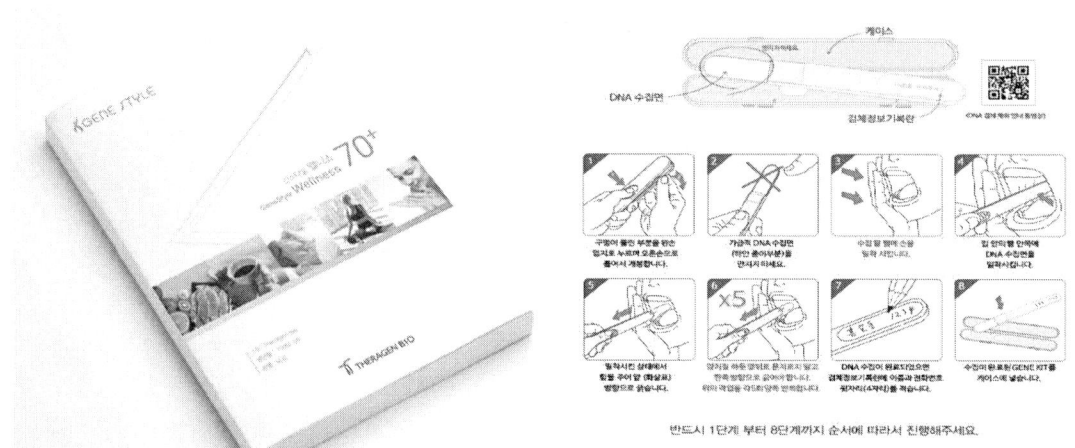

그림 3. 테라젠바이오 DTC 유전자검사 결과 예시(테라젠바이오 제공)

그림 4. 젠톡, 타액 검사 키트

유전자 검사 결과는 "① 영양소 관리 / ② 건강 관리 / ③ 피부, 모발 관리 / ④ 운동 특성 / ⑤ 식습관, 수면 / ⑥ 카페인, 알코올, 니코틴 반응" 등 총 6단계로 구분되며, 유전자 점수가 높을수록 유전적 요인에 의한 위험도가 낮아진다. 이를 통해 개인의 유전적 특성에 맞는 체계적인 영양 관리가 가능해진다.

또한, 피부와 모발의 특성을 미리 파악해 적절히 대처할 수 있으며, 각 선수의 식습관과 포만감 지수 차이를 이해함으로써 개별적인 식습관 관리가 가능해진다. 지도자는 이를 통해 각 선수의 특성을 더 잘 이해할 수 있게 된다.

특히, 효과적인 운동 프로그램을 계획하고 부상 예방을 위해 유전자 정보를 활용하는 것이 매우 중요하다. 이는 선수의 현재 경기력 향상뿐만 아니라, 미래 성장의 방향 설정에도 중요한 요소가 된다.

유전적 요인은 '주의', '경계', '양호'로 나뉘어 표기되며, 선수에게 필요한 추천 솔루션을 통해 집중 관리, 관심 관리, 평소 점검 등의 접근을 할 수 있는 지표로 활용될 수 있다.

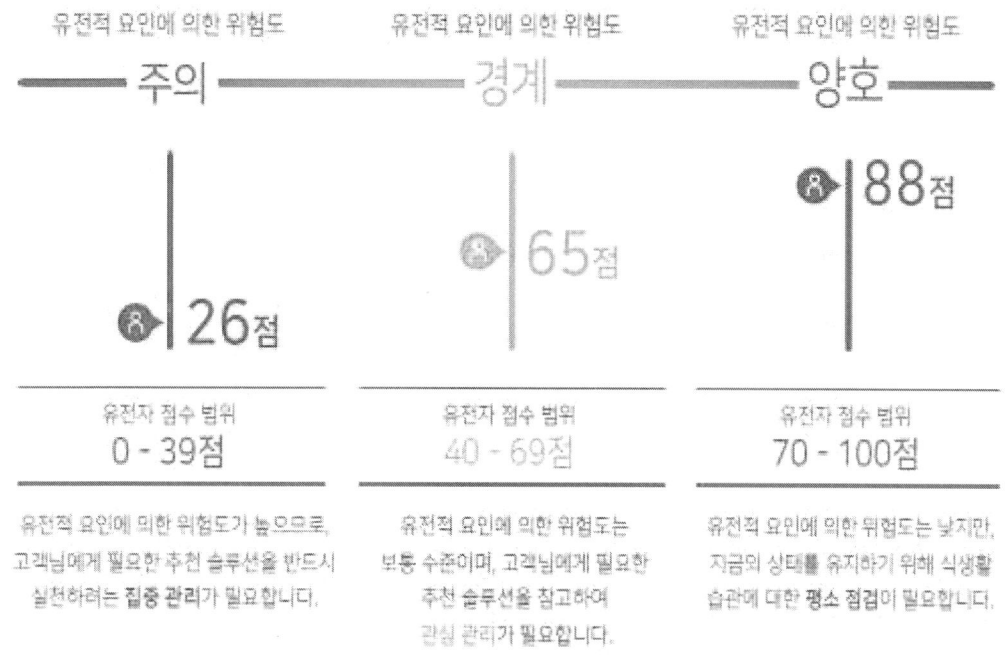

그림 5. 유전적 요인 지표

[그림5]의 예시의 항목들이 나타나오며 각 항목별 관리 솔루션을 제공해 주어 스스로 몸을 더 자세히 알 수 있고 건강관리 및 경기력 향상을 더 수월하게 해줄 수 있다.

1/ 영양소 관리

항목	결과
비타민A 농도	경계
비타민B6 농도	주의
비타민B12 농도	경계
비타민C 농도	경계
비타민D 농도	주의
비타민E 농도	주의
비타민K 농도	양호
마그네슘 농도	주의
칼슘 농도	양호
칼륨 농도	주의
아연 농도	양호
철 저장 농도	경계
셀레늄 농도	주의
지방산 농도 (오메가 3 & 6)	양호
아르기닌 농도	경계
타이로신 농도	경계
베타인 농도	경계
코엔자임Q10 농도	경계
루테인&지아잔틴 농도	주의

2/ 건강 관리

항목	결과
비만	양호
체지방률	양호
체질량지수	경계
복부비만 (엉덩이허리비율)	경계
운동에 의한 체중감량효과	양호
체중감량 후 체중회복가능성 (요요가능성)	양호
중성지방농도	주의
콜레스테롤	경계
혈당	양호
혈압	양호
통증 민감성	양호
퇴행성 관절염증 감수성	주의
골질량	경계
요산치	양호
멀미	경계

3/ 피부/모발 관리

항목	결과
기미/주근깨	경계
태양 노출 후 태닝반응	경계
색소 침착	경계
여드름 발생	양호
피부염증	주의
피부노화	경계
튼살/각질	경계
남성형 탈모	경계
원형 탈모	경계
모발 굵기	경계
새치	양호

4/ 운동 특성

항목	결과
근력운동 적합성	부적합
근육발달능력	나쁨
악력	약함
단거리 질주 능력	나쁨
유산소운동 적합성	보통
지구력운동 적합성	부적합
운동 후 회복능력	좋음
발목 부상 위험도	높음

5/ 식습관/수면 특성

항목	결과
단맛 민감도	보통
쓴맛 민감도	보통
짠맛 민감도	둔감
식욕	약함
포만감	보통
와인선호도	보통
불면증	높음
수면습관/시간	보통
아침형, 저녁형 인간	중간형

6/ 카페인/알코올/니코틴 반응

항목	결과
카페인 대사	보통
카페인 의존성	보통
알코올 대사	느림
알코올 홍조	보통
알코올 의존성	높음
니코틴 대사	느림
니코틴 의존성	보통

그림 6. 유전자 검사 결과지 예시(테라젠 바이오)

선수들은 같은 식단이라도 개인마다 대사와 흡수 능력이 다르기 때문에, 필요한 영양소를 정확히 파악하고 맞춤형으로 수정하는 것이 중요하다. 또한, 식욕과 포만감은 사람마다 다르므로 이를 조절해 식습관을 관리하고, 이에 맞춰 훈련 계획을 조정할 필요가 있다.

지도자 및 선수는 스마트한 운동 습관을 통해 부상예방 및 경기력 향상이 중요하기 때문에 나에게 효과적인 운동을 확인하고 부족한 부분을 파악하여 보다 더 안전하게 운동을 해 보아야 한다.

(1) 앱을 활용한 데이터 수집 및 분석 방법

■ **디지털 헬스케어 도구 활용**

최신 기술과 도구인 연속혈당측정기(CGM), 웨어러블 디바이스, 피트니스 앱 등 최신 디지털 헬스케어 기술을 활용하여 실시간 데이터 수집과 분석이 가능해 졌으며 기존의 혈당기, 혈압계, 체중계, 신체조성을 측정하는 인바디 등과도 연동기 가능해져서 이를 통해서 지도자 및 선수는 몸 상태를 정확하게 모니터링 하고 맞춤형 피드백을 제공할 수 있게 되었다.

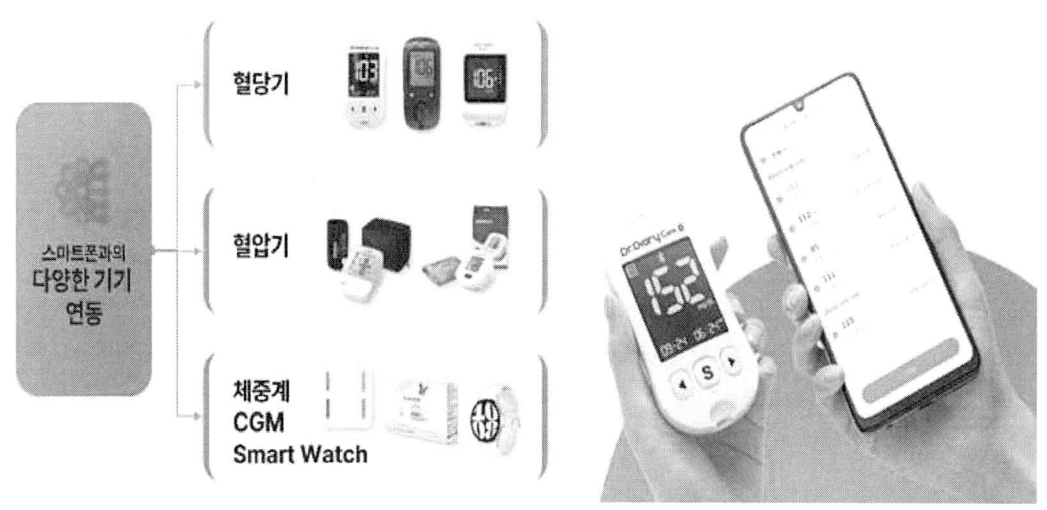

그림 8. 닥터다이어리 제공

이러한 어플을 활용하여 매일, 매주, 매월 사용자의 건강상태를 종합적으로 보여 줄 수 있는 보고서 기능이 있으며, 식습관, 운동, 체중, 혈압, 당화 혈색소, 혈당 등의 기록들을 분석하여 사용자가 보기 쉬운 형태의 보고서로 제공한다.

주요 기능은 다음과 같다.

① 평균 섭취 영양소
② 운동량 추세
③ 체중 변화 추세
④ 고혈압 수치 확인
⑤ 예상 당화혈색소 수치
⑥ 혈당 추세
⑦ 식후 최고 혈당
⑧ 범위 내 혈당 횟수

그림 9. 닥터다이어리 제공

이러한 프로그램은 식단 기록과 식습관 개선을 손쉽게 도와주는 기능을 제공한다. AI 기술을 통해 사진 촬영만으로 칼로리와 영양소를 분석해 건강한 식단 관리를 지원한다. 다만, 잔반 처리 기능이 없고 음식물이 섞여 있을 경우 인식률이 떨어지는 한계가 있어, 이를 보정해 지도자 및 선수가 적절히 활용해야 한다.

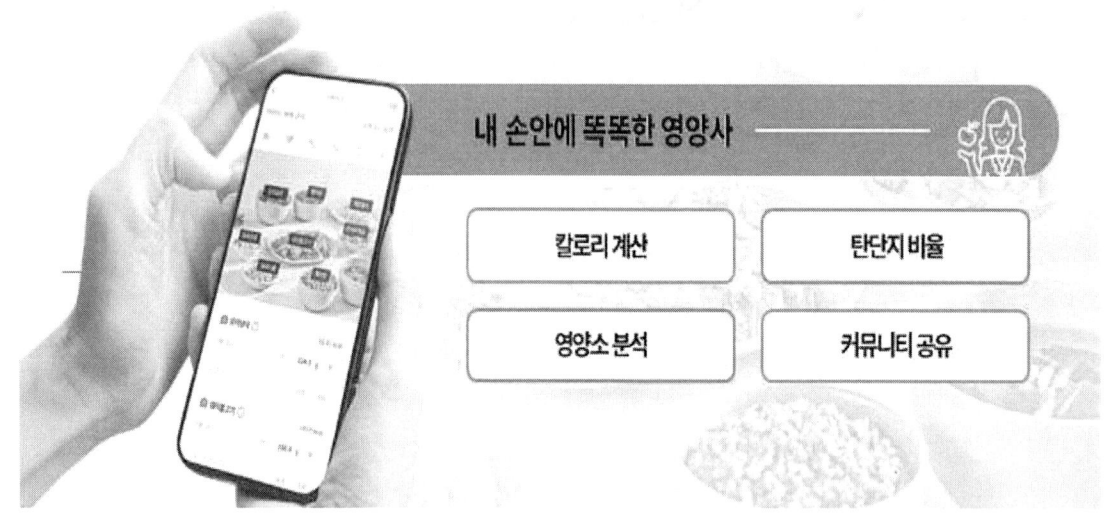

그림 10. 닥터다이어리 제공

또한, 닥터다이어리는 AI가 인식을 해야만 자동으로 계산하기 때문에 인식 오류가 발생할 수 있다. 반면, Pillyze는 사용자가 사진을 찍어 올리면 분석해 주어 더 간편하게 사용할 수 있다. 웨어러블 장비와의 연동성은 떨어지지만, 식단 관리에서는 더 효과적일 수 있다. 각 어플의 장단점을 비교해 적절한 방법을 선택하는 것이 중요하다.

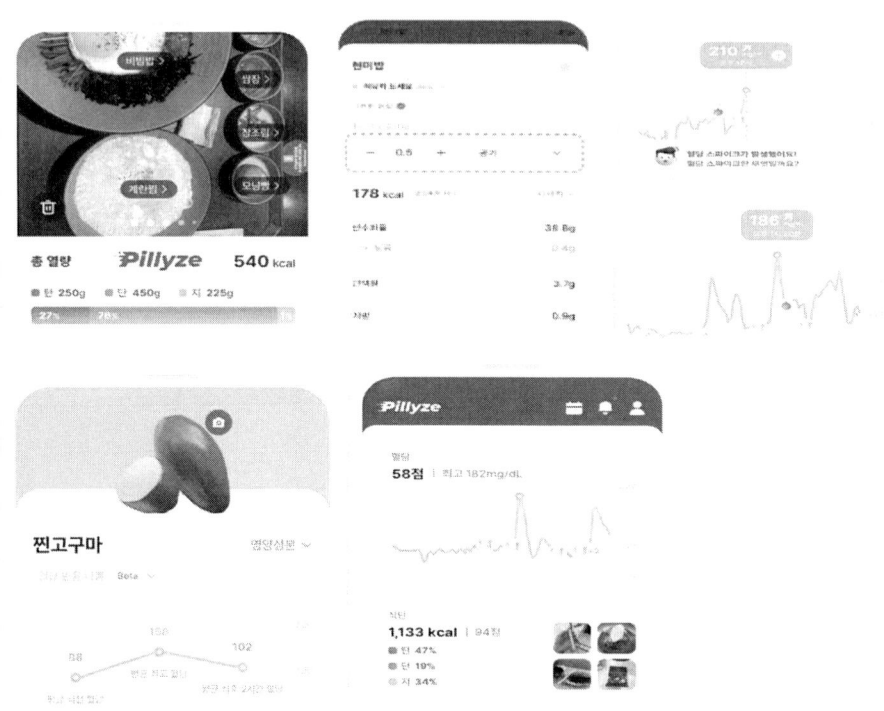

그림 11. Pillyze 제공

연속혈당측정기(CGM)를 팔에 부착하면 음식, 운동, 수면에 따른 24시간 혈당 반응을 실시간으로 기록하고, 이를 통해 영양 전략을 수립할 수 있다. 특히 선수들의 경우 혈당 스파이크(식사 후 급격한 혈당 상승)를 확인해 피로, 졸림, 허기 등의 증상을 관리할 수 있으며, 운동 종목과 강도에 맞는 적정 혈당을 유지하는 데 활용할 수 있다.

CGM은 일체형으로 채혈 없이 1분마다 혈당 수치를 자동 업데이트하여 스마트폰으로 전송되며, LibreView를 통해 전체 혈당 추세를 확인할 수 있다. 지도자 및 선수는 식단 관리를 위해 이를 활용해 저혈당 및 고혈당 알람 기능을 통해 혈당 변화를 실시간으로 모니터링하고, 이를 바탕으로 적절한 조치를 취할 수 있다.

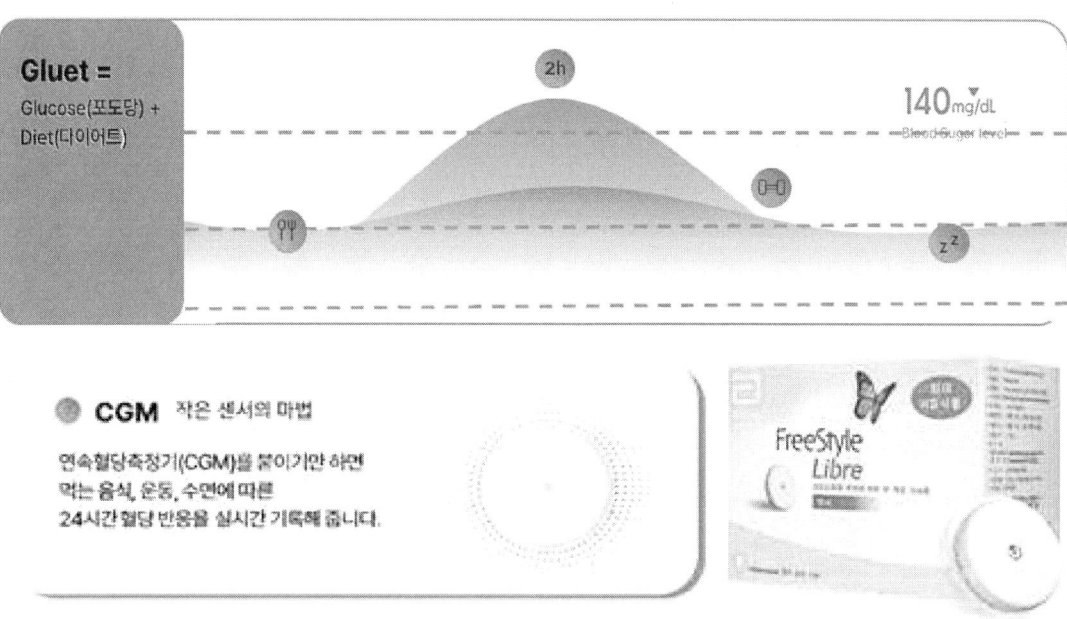

그림 12. 연속혈당 측정기(CGM-리브레)(닥터다이어리)

닥터 다이어리나 Pillyze와 연동되며, 리브레랭크 앱을 통해 A. 현재 혈당 수치 / B. 추세 화살표 / C. 지난 8시간 동안의 연속 혈당 변화 패턴 / D. 식사, 인슐린, 운동 / E. 24시간 연속 혈당 수치(일일 패턴) 확인 / F. 다른 사람과 보고서 공유 / G. 분석 기간 설정(7일, 14일, 30일, 90일)과 같은 기능을 제공하여 혈당 패턴을 확인하고 피드백에 활용할 수 있다.

그림 13. 리브레 제공

저혈당 이벤트는 혈당이 15분 이상 70mg/dL 이하로 유지될 때 기록되며, 앱에서 발생 빈도와 함께 저혈당 이벤트 보고서로 확인할 수 있다. 이를 통해 저혈당 위험을 관리할 수 있다.

또한, 목표 혈당 범위 내에서 유지된 시간을 추적하는 '목표시간' 보고서 기능을 활용해, 각 종목별 최적의 혈당 수치를 훈련 및 경기 시 확인하고, 영양 섭취와 훈련량을 조절할 수 있다. 백분율과 그래프를 통해 목표 혈당 범위 내외의 시간을 시각적으로 확인할 수 있다.

평균 혈당 수치 보고서를 통해 일일 평균 혈당 수치를 확인하고 컨디션을 확인하여 오버 트레이닝 증후군을 예방하고 항상 최적의 컨디션을 유지 및 관리하는데 이러한 데이터를 활용 할 수 있다.

4주간의 주요 혈당 수치 변화와 건강 상태(기저 질환, 복용 약물 등)를 종합적으로 분석한 보고서를 제공함으로써, 지도자는 이를 시즌 중에 적절히 활용해 최적의 솔루션을 마련할 수 있다.

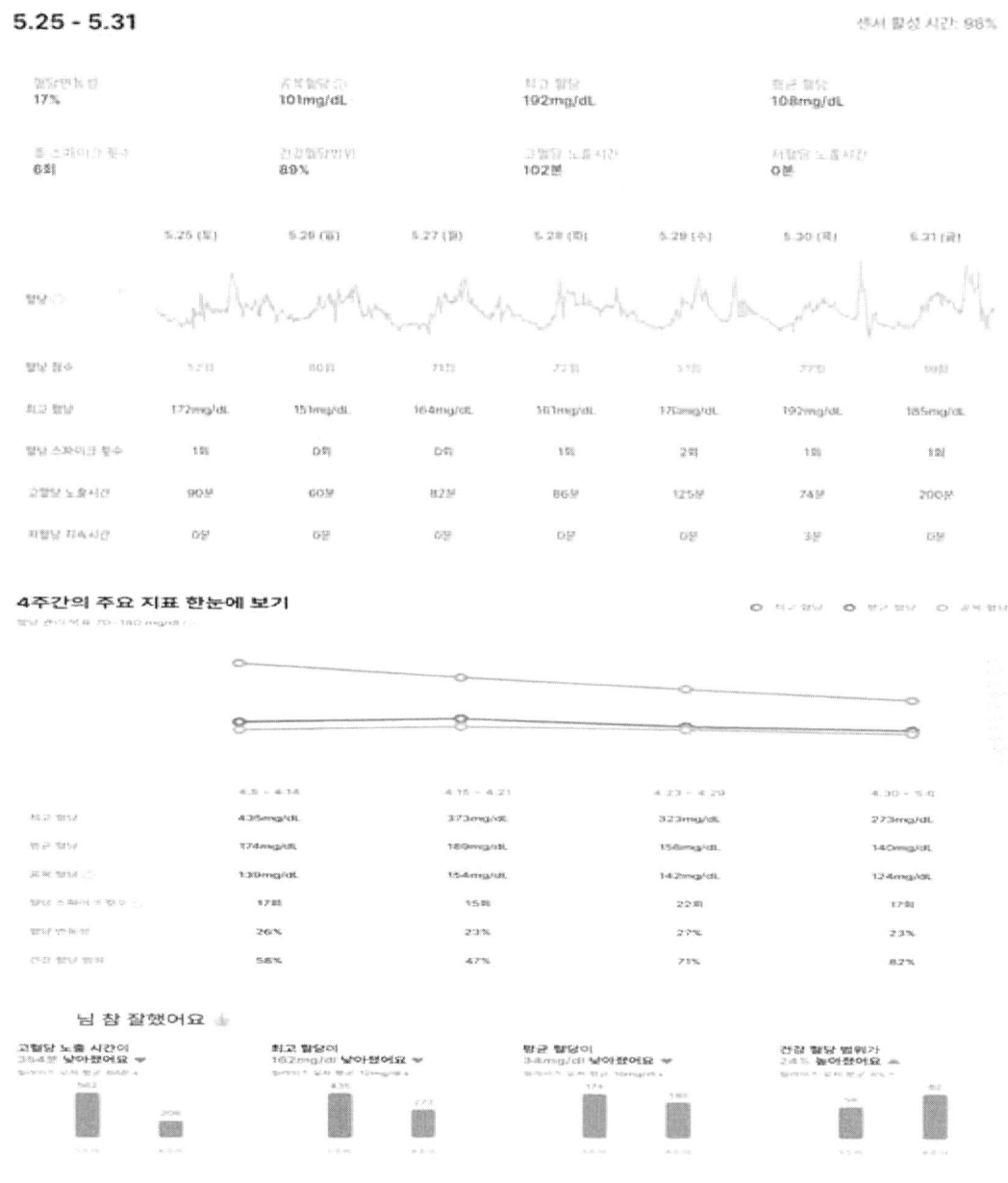

그림 14. 혈당 및 건강상태 데이터 분석 보고서 예시(Pillyze)

(2) 식단관리 및 피드백 적용 방법

가. 개인의 식사평가

영양소 섭취기준을 이용하여 개인의 식사를 평가하기 위해서는, 우선 개인의 일상적인 영양소 섭취량을 파악해야 한다.

특정 개인의 일상적인 영양소 섭취를 정확하게 파악하기는 매우 어렵기 때문에 보통 기록법, 회상법, 식품섭취 빈도법 등을 사용하여 개인의 영양소 섭취 수준을 추정해야 한다. 식사 섭취 조사로 개인의 영양소 섭취수준을 평가할 때는 절대적 수치가 아닌 적절/부적절 가능성 정도로 평가해야 한다.

개인 차원의 식사에 대한 평가는 평균필요량, 충분섭취량, 상한섭취량 등의 기준을 적용하여 적절 또는 부적절 수준에 도달할 위험 가능성이 얼마나 되는지로 평가해야 한다.

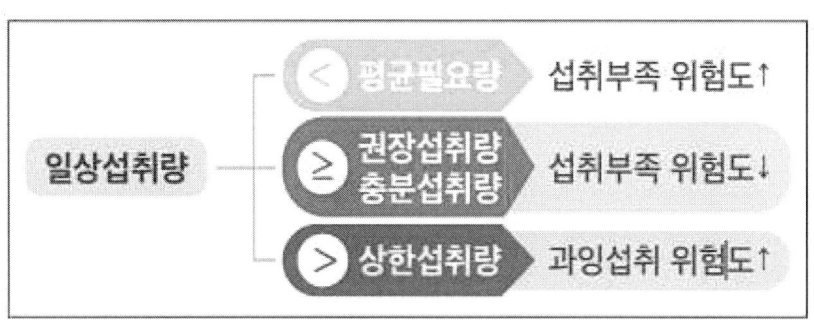

그림 15. 영양소 섭취 기준을 이용한 개인의 식사 평가

개인의 영양소 섭취량을 추정하기 위해서는 식사기록법, 24시간 회상법, 식품섭취빈도법 등의 표준화된 방법을 사용하며, 이를 통해 조사된 식사를 영양소 데이터베이스로 분석하여 섭취량을 추정한다.

식사기록법과 24시간 회상법은 개방형 식사 조사 방법으로, 섭취한 음식의 종류와 양을 조사하는 방식이다. 식사기록법은 대상자가 일정 기간 동안 음식을 일기처럼 기록하며, 24시간 회상법은 조사자가 대상자와 면담하거나 전화로 섭취한 음식을 기억하도록 도와 기록한다.

식품섭취빈도조사는 정해진 식품 목록(food list)과 섭취 빈도(frequency)를 바탕으로 장기간의 식품 섭취를 조사하여 영양소 섭취량을 추정하는 폐쇄형 조사 방법이며, 일반적으로 지난 1년간의 섭취를 조사하지만, 연구 목적에 따라 기간은 달라질 수 있다.

영양소 섭취량 외 식사 평가에는 영양밀도나 식사의 질을 평가하는 방법이 있다. 영양밀도(Nutrient density)는 식품의 개별 영양소 함량을 비교하여 영양상의 질을 측정하며, 주요 지표로는 영양소적정섭취비율(Nutrient Adequacy Ratio, NAR), 평균영양소적정섭취비율(Mean Aduquacy Ratio, MAR), 영양밀도지수(Index of Nutritional Quality, INQ) 등이 있다.

식사의 질을 평가하는 지표는 식사권장량 또는 식생활 지침을 얼마나 잘 따르는 지를 평가하기 위한 것으로 식생활의 변화에 맞춰 지속적으로 개정하여 사용한다.. '건강식사지수(Healthy Eating Index, HEI)', '식사의 질 지수(Dietary Quality Index, DQI)', '건강식사지표(Healthy diet indicator, HDI)', '지중해식사점수(Mediterranean Diet Score, MDS)'가 대표적으로 사용된다.

나. 개인의 식사평가 예시

　개인의 식사평가를 위해서는 적절한 식사섭취조사 방법을 실시해야 하고, 개인별 일일 영양소 섭취량을 계산해야 한다. 또한 식사섭취조사 방법 사용 시 개인의 섭취량에 대한 개인 내 변이를 줄이기 위해 일상적인 날(명절, 행사, 회식 등 특별한 날 제외)이나 주중(주말의 경우 식사패턴이 달라질 수 있음) 역시 고려해야 한다.

식사섭취조사에 의해 개인의 일일 영양소 섭취량이 주어졌다면, 다음과 같은 단계를 통해서 개인의 식사평가를 할 수 있다.

① 특정 개인의 성별, 연령, 기준체위 확인 및 활동수준 점검한다.

> 예시)
> - 대상: 저활동을 하는, 신장161cm, 체중 50kg의 22세 여성

② 에너지 필요량 계산: 신장, 체중, 성별, 활동량 고려한다.

> ※ 에너지 필요량 계산 공식
> 성인여자: 354-6.91×연령(세)+PA[9.36×체중(kg)+726×신장(m)]
> PA(신체활동계수): 1.0(비활동적), 1.12(저활동적), 1.27(활동적), 1.45(매우 활동적)
>
> 예시) 에너지 필요량 계산 : 약 2,000kcal
> 성인여자 354-6.91×22(세)+1.12[9.36×50(kg)+726×1.61(m)] =2,035.26kcal
>
> • 에너지필요추정량은 정상체중 범위에서의 에너지 소비량으로 대상자의 비만도를 계산하여 정상체중 여부를 확인해야 함. 이 여대생의 체질량지수는 19.3kg/m2이므로 정상체중에 해당됨

③ 일상적인 식사의 섭취량을 3일간 섭취량의 평균을 구해 영양소 데이터베이스 이용하여 영양소 섭취량으로 계산 후, 영양소 섭취기준에 따라 영양소 섭취량을 평가한다.

> 예시)
> • 성별·연령별 체위기준을 활용하여 예시의 20대 여대생의 일상적인 주중 이틀과 주말 하루의 식사를 영양소 섭취량으로 계산하여 평균섭취량을 구한 결과는 다음과 같음.
> • 20대 여자 19~29세 기준인 신장 161.4cm, 체중 55.9kg, 체질량지수 21.4kg/m2의 조건에 맞추어 영양소 섭취기준이 설정됨.

　한국영양학회에서 제공하고 있는 영양 평가용 프로그램인 Computer Aided Nutritional analysis Program(CAN)을 활용하여 데이터베이스의 식품 DB - 4,574개와 음식 DB - 2,988개를 두가지의 입력형태인 '24시간 회상법과' / '식품 섭취 빈도법'으로 입력하면 분석 결과를 다음과 같이 얻을 수 있다.

그림 16. CANpro(한국영양학회 제공)

CANpro의 주요기능
〈24시간 회상법〉 1. 하루 섭취영양소, 입력기간 적용시 평균 섭취영양소 2. 영양소섭취기준 대비 섭취율 3. 영양소별 동 식물성 급원 섭취율 4. 열량 영양소의 구성 비율 5. 영양소별 식사군 기여율 6. 기간별 영양소 섭취 변화 7. 개인의 영양소 섭취상태 통계 8. 개인의 영양소섭취기준 대비 섭취율 통계 9. 섭취음식의 영양소 섭취량 막대그래프* 10. KDRIs의 6개 식품군에 대한 섭취횟수 및 섭취비율그래프* 11. 컨설트(체격지수, 영양소 섭취평가*, 식품군 섭취평가*), 입력기간 적용시 평균값에 대한 컨설트 〈식품섭취빈도법〉 1. 하루 섭취 영양소 / 2. 영양섭취기준 대비 섭취율 / 3. 식품섭취빈도 결과

　이외 기타 기능으로는 "① 개인 및 그룹 내 통계 가능, ② 입력내용을 엑셀파일로 변환 가능 → 통계 프로그램에서 응용 가능, ③ 6개 식품군의 1인 1회 분량 이미지 제시" 등이 있으며 이는 전문가용을 기준으로 설명하였으며, 프로그램을 활용해 예시를 분석해본 결과는 다음과 같다.

[CANpro로 분석한 영양소 섭취 결과 예시]

영양소	주중 1인 일상섭취량	주중 2인 일상섭취량	주말 1인 일상섭취량	평균섭취량
에너지(Kcal)	1,845	1,941	2,040	2,062
탄수화물(g)	316.0	271.3	293.4	293.6
단백질(g)	65.7	61.5	67.8	65.0
지질(g)	33.0	44.2	40.6	39.2
식이섬유(g)	24.4	21.6	28.4	25.2
비타민 A(μg RAE)	249.2	687.5	222.4	386.4
비타민 D(μg)	1.9	3.6	2.0	2.5
비타민 E(mg)	14.9	24.6	15.5	22.2
비타민 K(μg)	119.9	462.4	129.3	237.2
비타민 C(mg)	77.2	195.2	144.9	160.0
티아민(mg)	1.7	1.7	2.9	2.1
리보플라빈(mg)	1.7	1.4	2.1	1.7
나이아신(mg)	11.9	11.8	10.3	11.3
비타민 B6(mg)	1.6	1.4	1.2	1.4
엽산(μg)	563.6	801.3	392	585.8
비타민 B12(μg)	10.7	8.0	5.1	6.4
판토텐산(mg)	6.8	5.3	5.2	5.9
비오틴(μg)	5.3	5.3	7.5	5.7
칼슘(mg)	514.5	634.5	587.1	583.4
인(mg)	1,178	1,237	1,090	1,201.5
나트륨(mg)	3,955	3,765	2,978	3,566.0
염소(mg)	177	242	237	218.5
칼륨(mg)	3,575	3,162	2,977	3,237
마그네슘(mg)	90.0	235.7	45.4	123.8
철(mg)	14.1	21.1	8.6	14.6
아연(mg)	7.6	10.4	12.8	10.3
구리(mg)	1.0	1.2	0.6	0.9
불소(mg)	0.6	1.4	1.2	1.1
망간(mg)	2.3	2.3	2.2	2.3
셀레늄(μg)	79.3	72.5	14.5	55.4
몰리브덴(μg)	1.4	3.3	1.4	2.7
콜레스테롤(mg)	413	403	127	314

④ 다량영양소(탄수화물, 단백질, 지질)는 에너지 적정비율을 기준으로 평가한다.

2020년 개정된 영양소 섭취기준에 의하면 총 에너지 중 탄수화물의 비율은 55-65%, 단백질의 비율은 7-20%, 지질의 비율은 15-30%가 되도록 권장하고 있음.

예시) 에너지 필요추정량 vs 일상적인 에너지 섭취량의 비교 결과

　20대 여성 골퍼의 경우 하루 에너지 필요 추정량이 2,000kcal로 자신이 속한 연령대 기준치에 맞춰 평가하면 여대생의 주중 2일과 주말 1일, 총 3일 에너지 섭취량에 대한 평균은 2,062kcal로 에너지 필요 추정량인 2,000kcal에 비해 약간 높음.

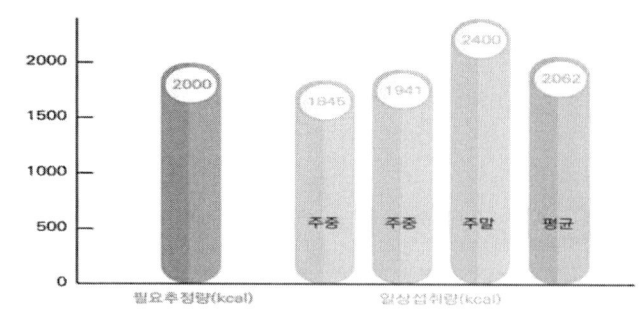

2020 한국인 영양소 섭취기준 활용

⑤ 비타민, 무기질 평가.

> 20대 여성의 비타민과 무기질 섭취에서, 식이섬유는 적정 수준을 유지하고 있으나, 비타민 A와 비타민 D는 섭취량이 부족해 섭취를 늘릴 필요가 있다. 반면 비타민 E, K, 수용성 비타민들은 적정 수준으로 섭취되고 있다. 니아신과 비오틴은 섭취량이 부족해 증가가 필요하다.
> 무기질에서는 칼슘, 염소, 칼륨, 마그네슘 등의 섭취가 부족하고, 나트륨은 과다하게 섭취되고 있어 조절이 필요하다. 또한 셀레늄과 콜레스테롤의 섭취도 조절할 필요가 있다.

■ **개인의 식사평가 시 주의할 점.**
① 한국인 영양소 섭취기준은 건강한 사람의 평균 필요량을 상회하도록 책정되었으며, 선수에게 적용할 때는 종목 특성 및 개인의 상황을 고려해 적절히 활용해야 한다.
② 현재 한국인 영양소 섭취기준은 과학적 근거에 따라 설정되어 있으며, 새로운 연구 결과에 따라 추가적인 영양소 기준이 마련될 수 있다.
③ 영양소 섭취기준은 모든 사람이 동일한 양을 섭취해야 하는 것은 아니다.

실제 필라이즈 어플을 활용하여 식단을 촬영해 보고 신체활동량을 갤럭시 워치와 연동하여 관리한 사례를 보면 목표 설정한 것을 기반으로 신체활동을 많이 하게 되면 더 많이 먹을 수 있고, 만약 섭취 칼로리가 많으면 신체 활동량을 더 많이 해야 한다는 가이드를 제공 받을 수 있기 때문에 종합 보고서를 받지 않아도 기본 기능만을 활용해서 보다 손쉽게 식습관 관리를 할 수 있다.

만약 더 상세한 결과를 원한다면 지도자나 선수는 나에게 딱 맞춘 혈당 기반의 식단을 구성하는 방법을 통해 같은 음식을 먹어도 사람마다 다르게 나타나는 혈당 반응을 분석한 후 맞춤 분석을 통해 시즌별 영양 전략에 활용해 보기를 바란다. 전문 코칭 서비스를 신청하면 아래와 같은 조언을 얻을 수 있다.

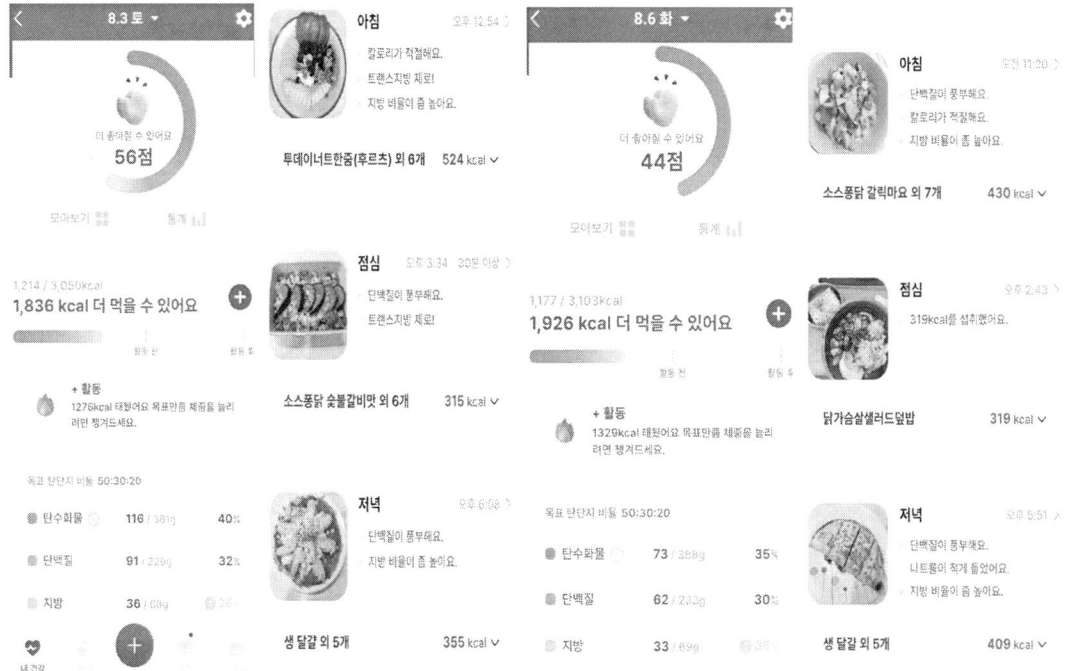

그림 17. 어플을 활용한 식단 촬영 예시(Pillyze)

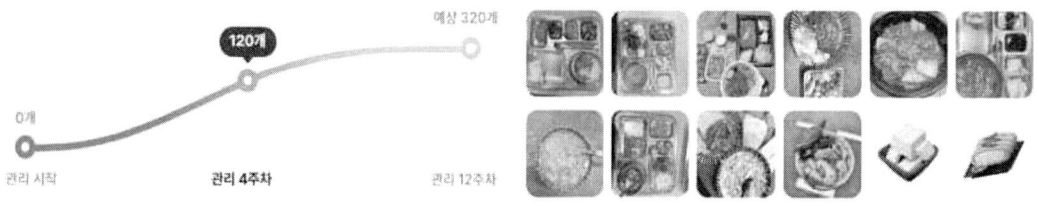

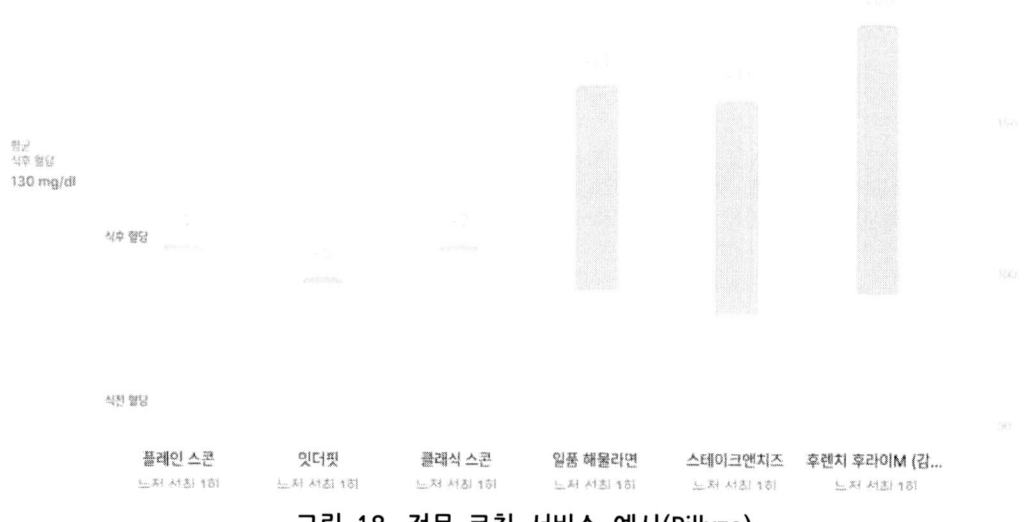

그림 18. 전문 코칭 서비스 예시(Pillyze)

(3) 데이터 기반 맞춤형 피드백 사례

혈당 관리와 함께 체중 관리도 데이터를 기반으로 힌트를 얻어 식단을 종합적으로 분석하고 칼로리와 탄단지 비율 등 최적의 식단을 설계 할 수 있도록 보고서를 제공받아 이를 활용해 보고자 한다.

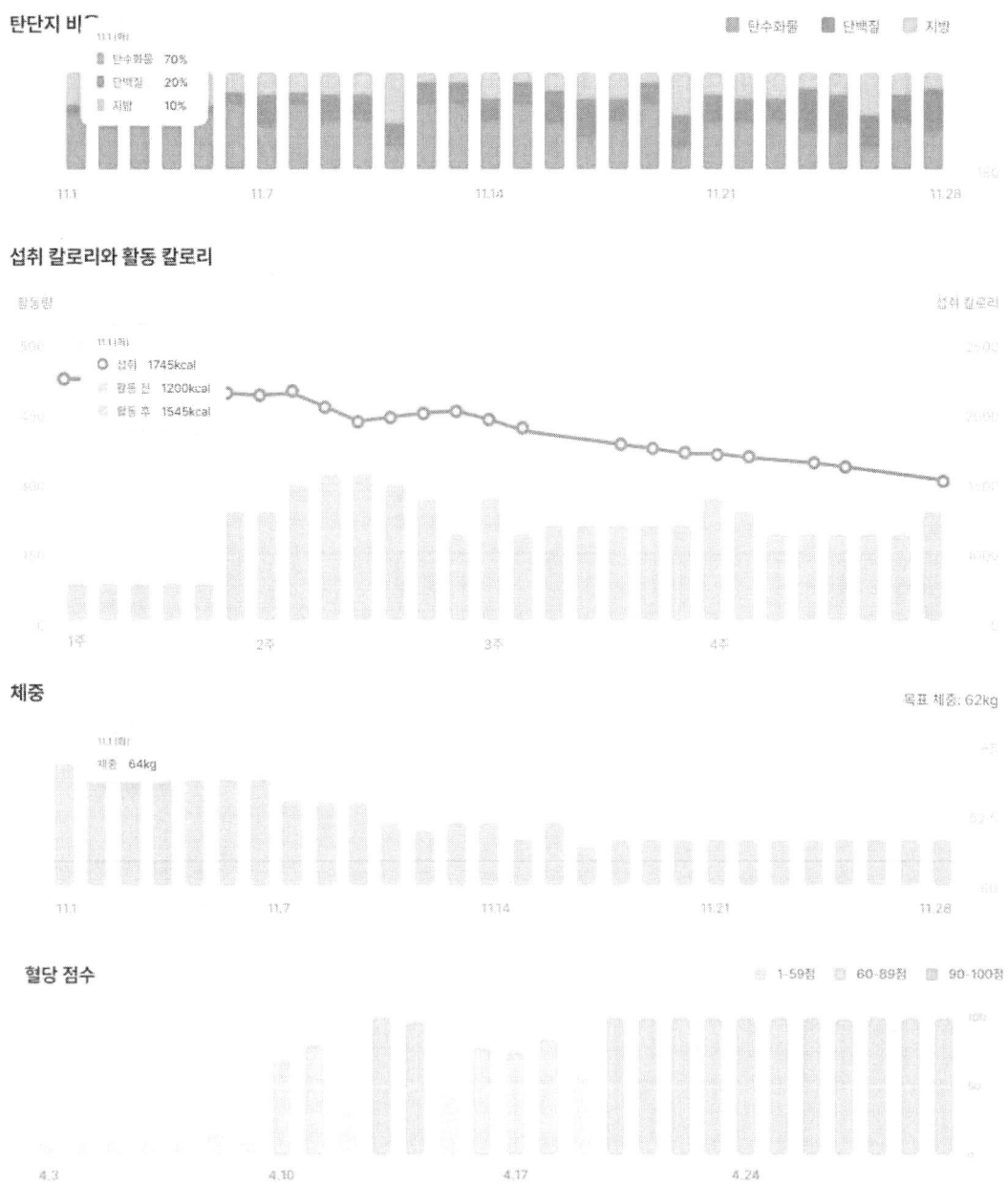

그림 19. 데이터 분석 보고서 예시(Pillyze)

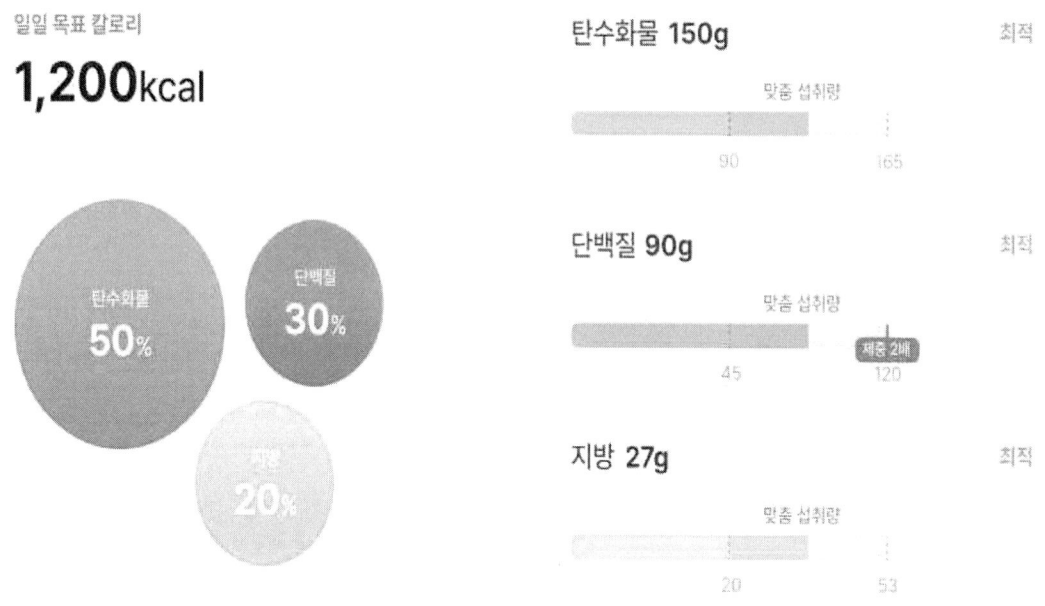

그림 20. 일일 목표 칼로리 예시(Pillyze)

(4) 경기력 향상을 위한 데이터 활용 사례

■ 수분과 운동

수분은 인체의 40-60%를 차지하며, 운동 시 체온 조절과 탈수 예방에 중요한 역할을 한다. 운동 중 발한으로 인한 체열 발산이 체온을 유지해주며, 스포츠 음료는 탈수와 체온 상승을 방지하여 경기력 유지에 도움을 준다.

표 4. 1일 수분섭취량과 배설량

섭취	1일 양(ml)	배설	1일 양(ml)
음료수	1200	소변	1,200
고형식 수분	600	피부	400
연소수	200	폐	300
		대변	100
계	2,000	계	2,000

■ 소변 색상을 통한 수화 상태 평가

소변 색상은 수분 상태를 간단하게 확인하는 방법이다. 소변 색상을 10단계로 구분할 수 있으며, 1~3단계는 건강한 상태로 수분이 충분한 것을 의미하며, 4~5단계는 수분이 조금 부족할 수 있으므로, 틈틈이 수분을 섭취해야 한다. 6단계 이하로 내려가면 탈수가 시작되어 운동 중 경기력 저하가 발생할 수 있으므로 집중적인 수분 관리가 필요하다. 특히, 9~10단계는 심각한 탈수 상태로, 건강에 위험을 초래할 수 있으므로 즉각적인 대처가 필요하다. 그렇기 때문에 현대의 디지털 헬스케어 기술을 통해, 이러한 탈수 상태를 더욱 정확히 평가가 필요하며, 패치와 앱을 통해 실시간으로 수분 상태를 모니터링하는 것이 중요하다.

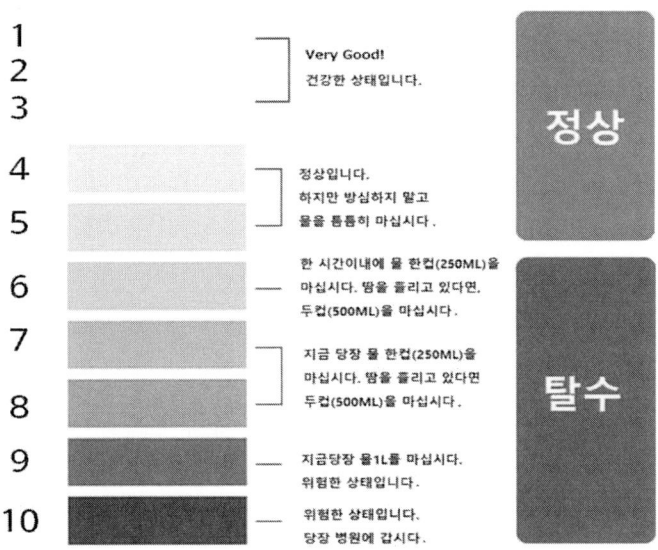

그림 21. 소변 색상을 통한 수화 상태 평가

■ 스마트 패치와 앱을 활용한 수분 섭취 관리

　시합 중이나 훈련 후에 활용 가능한 최신 방법으로 "게토레이 Gx 스웨트 패치"가 있다. 이 스마트 패치는 운동 중 흘린 땀과 나트륨 배출량을 측정해 GX 앱과 연동하여 체내 수분 상태를 체크하고, 적절한 솔루션을 제시해 준다. 또한 "GX 포드"와 물통을 함께 사용하여 섭취량을 조절할 수 있으며, 이를 통해 지도자와 선수는 더 체계적으로 수분과 전해질 균형을 맞추어 경기력을 극대화할 수 있다.

■ 스마트 키트를 활용한 소변 검사 영양 평가

　기존 소변 검사 스틱에서 발전한 최신 방법으로, 어플을 통해 소변 검사 스틱을 촬영하여 영양 상태를 평가하고 필요한 식단 및 보충제를 추천받을 수 있다. 이를 시즌 중 아침에 활용해 영양 섭취 계획을 세우면 더 효과적이다.

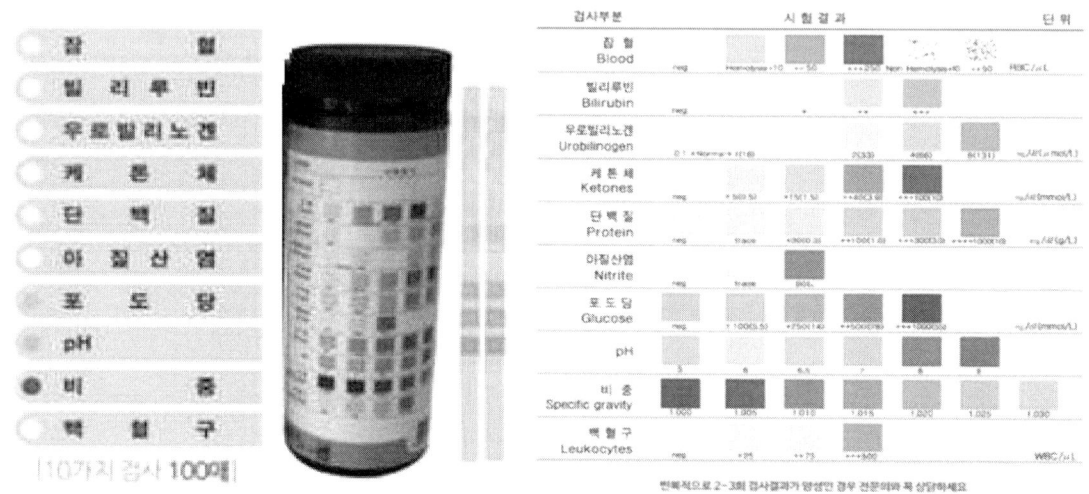

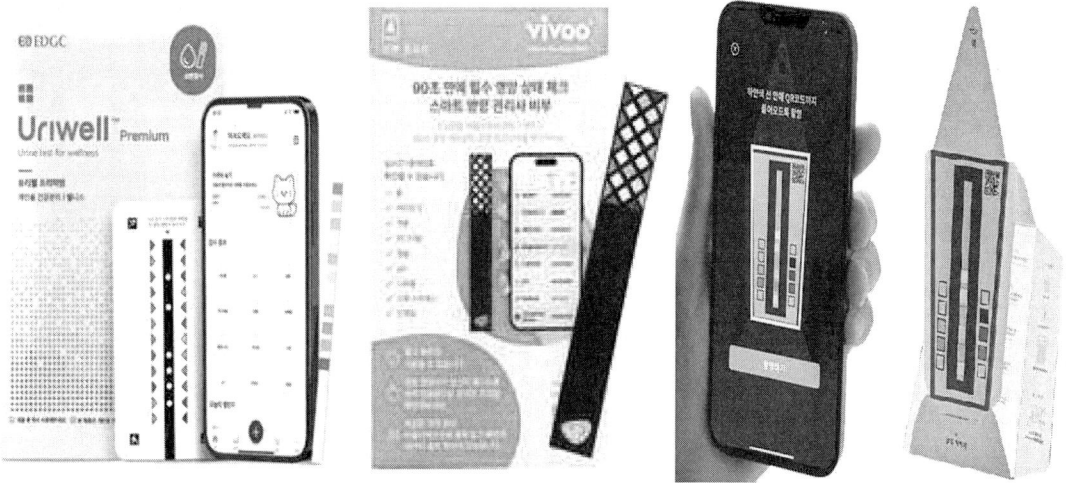

그림 23. 유리웰 소변검사 스틱 키트 / 비부 스마트 키트 / 옐로시스 Cym702Boat

지도자 및 선수는 소변 검사 결과를 활용하여 그날의 컨디션을 체크하고, 체중, 수분, 배뇨 기록을 통해 체계적인 건강 관리에 동기 부여를 할 수 있다. 배뇨 주기 파악은 운동 선수들에게도 유용하며, 이를 통해 맞춤형 음식 추천과 식생활 관리가 가능하다. 또한, 다양한 어플을 통해 칼로리와 음식 종류를 선택해 볼 수 있으므로 현장에서 적극 활용하는 것을 권장한다. 이러한 다양한 방법을 통해 지도자 및 선수는 시즌 및 비시즌 훈련량의 변화에 맞춰 영양 부족이나 과훈련 증후군 예방을 위한 한 방법으로 활용할 수 있다.

그림 24. Cym702Boat의 기능(옐로시스)

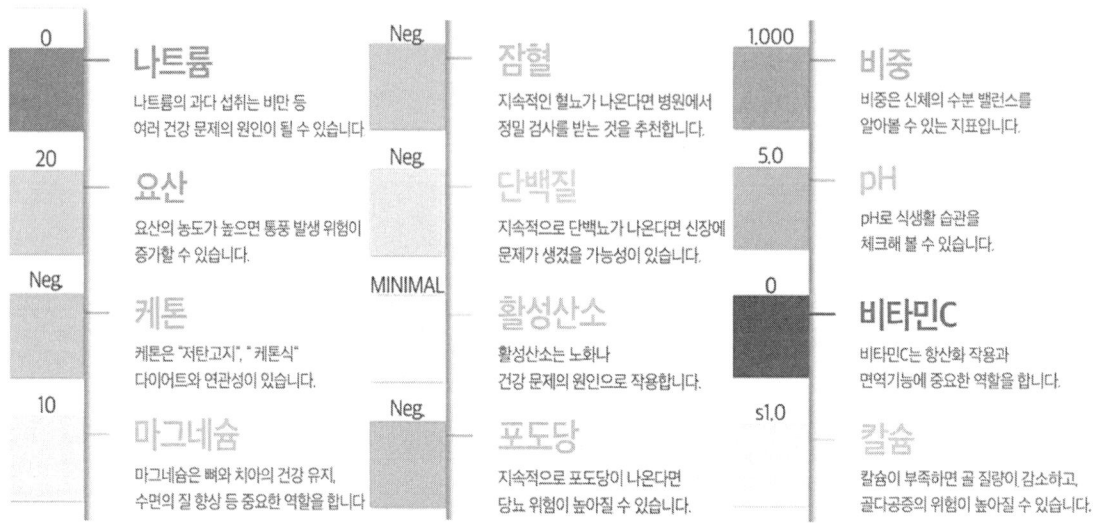

그림 25. 각 성분의 중요성과 의미

각 성분들의 의미를 이해하고 부족시 발생할 수 있는 문제를 예상하고 이러한 문제 예방을 위한 보충 전략을 수립해야 한다.

3. 시기별 영양 관리

1) 시즌 및 비시즌기 영양 관리

스포츠 경기와 훈련 과정은 유산소와 무산소성 운동이 혼재되어 있어 각 종목별 특성 및 개인의 영양학적 고려가 필요하다. 이러한 스포츠에서는 운동 강도의 간헐적 변동으로 인해 고유한 에너지 시스템 활용 패턴이 나타나며, 이는 경기나 종목마다 차이가 있을 수 있다. 특히 개인 종목과 팀 스포츠 선수들의 경기력은 다음과 같은 영양적 요인에 의해 저하될 수 있다(Mujika et al., 2010)

① 땀 손실을 보충하기 위한 충분한 수분 섭취 실패
② 시합 전, 중, 후의 글리코겐 보충 및 사용 능력 저하
③ 저혈당으로 인한 정신 기능 저하
④ 혈액량 감소로 인해 땀 흘리는 비율과 세포에 영양소 전달이 어려워짐
⑤ 잘못된 식습관으로 인한 크레아틴인산 사용 능력 저하로 순간적인 파워와 스피드 저하

또한 시합 중에 적절한 에너지와 수분 섭취를 보장하기 어려운 이유 중 하나는 시합 중에 먹고 마실 수 있는 기회가 많지 않기 때문이다. 타겟 및 라켓 스포츠 선수들은 경기 중 영양 및 수분 섭취 기회가 제한적이어서 충분한 섭취가 어려울 수 있다. 라켓 스포츠의 경우 경기 시간이 길어질 수 있지만, 경기 중에 영양과 수분을 보충할 기회가 부족하여 추가적인 섭취가 필수적이다.

특히, 탄수화물 섭취는 매우 중요한데 탄수화물이 총 칼로리의 65% 이상일 때 경기력이 향상되며, 라켓과 코트 스포츠에서 흔히 발생하는 반복적인 스프린트는 글리코겐을 많이 소모한다. 하지만 많은 선수들이 권장 수준 이하의 탄수화물을 섭취하고 있어 영양 부족 상태가 자주 발생한다.

또한, 인산크레아틴(PCr)에 의존하는 고강도 활동에서는 충분한 단백질과 칼로리 섭취가 필요하지만, 실제로는 열량 섭취가 부족하여 크레아틴 합성이 방해될 수 있다. 수분 공급 역시 경기력에 중요한 영향을 미치지만, 선수들이 섭취하는 수분은 땀으로 손실된 양의 절반 정도에 불과하다.

한편, 많은 선수들이 비타민 보충제에 지나치게 의존하는 경향이 있지만, 이는 적절한 해결책이 아니다. 자연식을 통한 균형 잡힌 영양 섭취가 더 나은 대안이다.

이 장에서는 글리코겐 저장을 최적화하고 수분 공급을 개선하기 위한 구체적인 전략을 제시하며, 시합 전·중·후에 필요한 영양소 섭취 방법에 대해 다룬다.

■ 스포츠를 위한 영양 전략: 파워 및 지구력

타겟 스포츠(사격, 양궁, 컬링, 궁도, 볼링)와 분류 외 스포츠(골프, 당구, 그라운드 골프)는 경기 전반에 걸쳐 고도의 집중력 유지를 위한 지구력이 중요하며, 라켓 스포츠(테니스, 배드민턴, 탁구, 스쿼시, 소프트 테니스) 및 코트 스포츠(농구, 배구, 핸드볼)는 순간적인 판단력과 반응할 수 있는 순발력 발휘를 위한 파워 및 경기력 유지를 위해 지구력 두 가지 모두 중요한 요인이다. 라켓과 코트 스포츠 선수들은 고강도와 저강도 활동이 혼합된 환경에서 경기를 치르며, 탄수화물, 수분, 전해질 보충이 경기력에 크게 영향을 미친다.

특히, 라켓 및 코트 스포츠 선수들은 반복적인 스프린트와 갑작스러운 속도 변화를 자주 겪게 되므로 충분한 탄수화물 섭취가 필요하다. 연구에 따르면, 선수들이 총 칼로리의 65% 이상을 탄수화물로 섭취하면 경기력이 크게 향상된다고 보고되고 있다. 하지만 많은 선수들이 권장 섭취량을 충족하지 못하고, 그로 인해 영양 부족 상태가 자주 발생한다.

또한, 고강도 활동에서 인산크레아틴(PCr)에 대한 의존도가 높기 때문에 충분한 단백질과 칼로리를 섭취해야 하며, 부족한 열량 섭취는 크레아틴 합성을 방해할 수 있고 수분 섭취 역시 중요하다. 대부분의 선수들이 땀 손실량의 절반도 채우지 못하고 있어, 체계적인 수분 공급 전략이 필요하다. 연구에 따르면 스포츠 음료는 간헐적 스프린트와 고강도 활동에서 긍정적인 영향을 미치며, 적절한 탄수화물 농도(6~7%)가 운동 수행 능력을 크게 향상시킨다.

스포츠 음료에 포함된 탄수화물은 수분 흡수를 돕고, 혈당과 젖산 농도를 유지하여 고강도 운동을 지속하는 데 중요한 역할을 한다. 예를 들어, 게토레이는 파워에이드보다 빠르게 체액을 흡수하며, 탄수화물의 종류와 농도에 따라 이러한 차이가 나타난다.

운동 후에는 탄수화물, 단백질, 나트륨이 포함된 용액을 섭취하는 것이 회복에 유익하며, 신선한 과일과 채소를 포함한 균형 잡힌 식단이 강조된다.

이 장에서는 [표 5]에서 수분 섭취 지침을(ACSM. 1998), [표 6]에서 팀 스포츠 선수들을 위한 회복 권장 사항을, [표 7]에서 간헐적인 고강도 운동을 하는 선수들을 위한 영양 지침을 제시한다.'

[ACSM 수분 섭취 지침]

섭취 시기	양	권장량까지 조정
훈련 2시간 전	500mL(0.5L)를 마신다.	없음
훈련 중	시간당 600~1,200mL(0.6~1.2L)를 마신다.	15~20분마다 150~300mL를 마신다.
훈련 후	운동 전 후 체중 변화에 따라 체중을 회복할 수 있을 만큼 충분한 수분을 섭취한다 (480g의 수분 = 체중 1lb, 수분 1L = 체중 1kg).	체중을 회복하고 운동 후 필요한 수분을 충족시 키는데 필요한 양의 150%를 마신다. 이 양은 체중 대체 섭취의 100%만 소모될 때 저수분을 유발할 수 있는 소변 손실에 대해 보상한다.

(ACSM; Walter R. Thompson. 2024)

[팀 스포츠 선수를 위한 일반적인 회복 권장 사항]

영양소	섭취량	섭취 근거
단백질	운동 후 최대한 빨리 0.3g/kg (훈련 또는 시합 완료 후 1시간 이내) 및 0.3g/kg/식사를 통해 총 단백질 요구량 충족 (~1.4 ~ 2.0g/kg)	근육 단백질 합성, 근육 복구 및 근육 회복 (통증 감소)
탄수화물	운동 후 가능한 빨리 1~1.2g/kg (훈련 완료 후 1시 간 이내)	근육과 간글리코겐 보충, 면역기능개선, 코티솔 생성제한, 과훈련 위험 감소
수분 보충	체중 1kg 손실 시 1.0~1.5L (체중 손실 1lb당 480~720g)	체액에는 혈액량과 수화 상태를 회복하기 위해 240mL (컵당) 기준 컵에 110 ~ 200mg 의 나트 륨이 포함되어야 한다.

(Heaton et al., 2017; Poulios et al., 2019; Thomas et al. 2013)

[간헐적 고강도 활동의 스포츠 선수 일반적 지침]

일반적인 영양 섭취	• 고강도 운동을 여러 번 수행하는 능력은 글리코겐 저장량에 크게 의존한다. 따라서 골프선수는 일반적으로 약 7~8g/kg의 탄수화물을 제공하는 음식을 섭취해야 한다. • 단백질 상태는 또한 최적의 근육 회복 및 크레아틴 합성을 보장하는데 중요하다. 따라서 운동 선수는 약 1.5g/kg의 단백질을 섭취해야 한다. • 근육기능과 글리코겐 저장을 모두 유지하려면 수분을 충분히 섭취해야 한다. • 적절한 칼로리는 글리코겐 저장을 최적화하고 최적의 근육 기능과 회복을 가능하게 하는데 필수적이다.
훈련 전 또는 시합 전 식사	• 양질의 단백질을 함유하고 상대적으로 지방이 적은 비교적 고탄수화물 식사는 운동하기 약 2.5~3.0시간 전에 완료해야 한다. 이상적으로 탄수화물은 전분(빵, 파스타, 감자 등)이어 야 하고, GI 장애를 피하기 위해 섬유질이 낮아야 한다. • 식사와 함께 수분을 충분히 섭취해야 한다. 식사 종료와 운동 시작 사이에 골프선수는 수분 상태와 혈당을 유지하기 위해 스포츠 음료(10~15분마다 1~2모금)를 마셔야 한다.
훈련 중 또는 시합 중 수분 공급	• 6~7% 탄수화물 용액과 나트륨 농도가 240mL 기준 약 100~150mg인 스포츠 음료는 혈당을 유지하기 위해 시간당 약 50g의 탄수화물을 제공하는 것을 목표로 자유롭게 섭취해야 한다. 선수는 기회가 있을 때마다 약간의 스포츠 음료를 마셔야 하며, 이는 선수가 음료 섭취 허용 한도를 완전히 인식하도록 연습해야 한다.
운동 후 또는 경기 후 섭취	• 운동 직 후 선수는 약 200~400Kcal(활동 후 처음 30분 동안 체중 1kg당 약 1.5g 또는 0.7g/lb의 탄수화물)를 섭취해야 한다. 이러한 섭취는 몇 시간 동안 2시간마다 반복해야 한다. 탄수화물에 추가된 양질의 단백질(예: 유청단백질)이 근육통을 줄이고 근육 회복을 향상시킨다 는 근거가 있다. 따라서 운동 후 처음 몇 시간 동안 약 100~200Kcal의 단백질(25~50g)을 포함하는 것이 바람직하다. • 다시 운동하기 전에 활동 전 체중으로 돌아갈 수 있도록 충분한 수분 을 섭취해야 한다. 운동 후 섭취하는 초코우유는 필수 성분(수분, 탄수화물, 단백질)을 섭취하기 쉽고 섭취하기 좋은 형태로 제공하기 때문에 권장되고 있다.

[주기화를 위한 영양 계획]

일반 준비기	• 제지방량 증가 및 과도한 체지방 감소를 포함한 체성분 목표를 지원하기 위한 적절한 에너지 및 미량 영양소 섭취 • 훈련 세션 중 훈련 및 회복에 대한 전반적인 지원(세션 전후의 전략적 섭취 타이밍 포람) • 유산소 훈련에 대한 적응력을 높이기 위해 탄수화물 가용성이 낮은 훈련 수행에 대한 잠재력 • 더운 환경에서 훈련 시 수분 공급에 초점
특수 준비기 / 시합 전	• 일반 준비기의 영양 목표의 지속 • 시합기 영양 연습 및 보충 전략 실천
주요 시합기 / 정규시즌	• 포지션 또는 경기 스타일의 특정 요구 사항을 해결하기 위한 영양 및 시합 중의 전략 • 경기 후 회복 • 일반 준비기 및 특수 준비기 단계에서 달성한 신체 조성 유지 • 원정 경기를 위한 여행용 영양
플레이오프 / 결승	• 주요 시합기 / 정규시즌 단계와 동일 • 뜨거운 / 더운 날씨에 대한 잠재적인 고려 사항 포함
전이기 / 오프 시즌 / 부상	• 신체 조성의 부정적인 변화 최소화 • 해당되는 경우 부상 관리 / 재생을 위한 사전 영양 공급

(Based on Mujika et al., 2018)

■ **무산소성 및 유산소성 대사의 조합에 의존하는 스포츠는** 무산소와 유산소 대사를 모두 활용하는데, 특히 경기 중 탄수화물 섭취가 필수적이다. 경기가 진행되며 근육 글리코겐이 감소해 피로가 발생하므로, 시합 전, 중, 후에 적절한 탄수화물 섭취가 경기력 유지에 매우 중요하다. 연구에 따르면, 많은 선수들이 에너지 섭취가 부족해 경기 중 피로가 발생할 수 있으며, 탄수화물 섭취 부족이 그 주요 원인이다.

경기 중에는 탄수화물 섭취가 정신적 피로를 줄이고, 기술 향상에도 긍정적인 영향을 미친다. 탄수화물의 적절한 섭취는 글리코겐 저장을 최적화하고, 고강도 활동 시 필요한 에너지를 제공한다. 이상적으로, 선수와 지도자는 적절한 시기에 충분한 탄수화물 섭취를 계획해야 한다.

연구에 따르면 대부분의 선수들이 권장되는 탄수화물 섭취량을 충족하지 못하며, 이는 경기력 저하의 주요 원인 중 하나이다. 또한, 선수들의 식단에서 탄수화물 비율이 낮고 지방 비율이 높은 경향이 나타났다. 충분한 에너지 섭취가 이루어지지 않으면 근육 글리코겐이 고갈되며, 크레아틴인산의 합성도 방해받아 순간적인 폭발력 저하가 발생할 수 있다.

스포츠 음료는 간헐적 스프린팅과 같은 고강도 활동에 도움이 되며, 적절한 수분 공급과 탄수화물 보충이 필요하다. 연구에 따르면, 탄수화물과 수분이 적절히 혼합된 음료는 운동 수행 능력을 크게 향상시킬 수 있다. 이와 더불어, 선수와 함께 일하는 전문가들이 고려해야 할 다음과 같은 많은 요소가 있다.

① 스포츠 영양 전문가는 선수들의 지식 차이를 바탕으로 구체적이고 표적화된 영양 교육을 실시해 올바른 영양 지식을 갖추고 이를 통해 식이 섭취와 신체 구성에 변화를 줄 수 있도록 해야 한다.
② 영양 전문가는 다량 영양소 섭취의 시기와 분배를 극대화하는 방식으로 영양 권장 사항을 달성하기 위해 노력해야 한다.
③ 또한, 팀 식사 제공을 위해 식품 서비스 업체와 긴밀히 협력해 선수들이 최적의 영양소 섭취를 할 수 있는 방법을 실천에 옮겨야 한다.

결론적으로, 선수들은 경기 중 탄수화물과 수분 섭취를 통해 에너지와 체력을 유지해야 하며, 규칙적인 수분 보충과 탄수화물 섭취가 경기력 유지에 매우 중요하다.

■ **시합 전 글리코겐의 저장이 중요하다.**

라켓 및 코트 스포츠 선수들은 근육 글리코겐을 엄청나게 소모하면서 많은 시간 동안 경기장에서 활동한다. 저장 된 글리코겐을 더 많이 가지고 시합을 시작하는 선수는 지구력 우위를 경험할 것이다. 보다 높은 글리코겐 저장을 위해 선수는 지속적으로 많은 양의 탄수화물과 수분을 섭취해야 하며 시합 전 식사 동안 주로 탄수화물에 집중해야 한다.

■ **파워 및 지구력이 필요한 스포츠를 위한 실용적인 영양 지침**

파워와 지구력의 조합이 필요한 종목의 선수는 높은 수준의 컨디셔닝과 종목 특이적 기술을 필요로 한다. 이러한 선수들은 영양에 대한 요구가 높은데, 즉. 잦은 훈련을 견디기 위해 충분한 칼로리의 섭취와 수화 상태를 유지할 수 있도록 충분한 수분 섭취가 필요하다. 다른 많은 스포츠와 달리 팀 스포츠는 종종 훈련과 경기 중에 자연스럽게 휴식을 가지는데, 이는 탄수화물 저장과 수분을 보충할 절호의 기회로 여겨야 한다. 이상적인 훈련방법은 지속적인 연습을 통해 선수들이 휴식 시간 동안 얼마나 많은 수분을 마실 수 있는지 이해하는 것이며, 이는 경기 중에 음료를 섭취하는 것은 경기력을 저하시키기 보다 경기력을 향상시키는 것이라는 점을 강조한다.

또한 수분 섭취량은 여기에서 제시한 것보다 훨씬 많은 양이 요구될 수 있다. 선수들은 식사와 함께 충분한 양의 수분을 섭취해야 하며, 운동을 수행하는 동안 보다 많은 음료를 섭취해야 할 수도 있다. 선수는 최적의 체내 수분 상태를 유지하기 위해 충분한 수분을 섭취해야 하며, 묽은 색의 소변을 보인다면 충분한 수분을 섭취하고 있다는 것으로 볼 수 있다.

4. 보충제 활용 방법

(1) 영양 보조제

스포츠 현장에서 일어나는 영양보조식품 섭취는 고강도 트레이닝으로 인해 소비된 영양소의 필요량을 충족시키고, 지구력 향상, 피로회복, 근육량 증가, 체지방 감소, 피로 예방, 및 질병 방지 등 운동 수행 능력향상을 위한 방안이다.
골프선수에게 영양 섭취는 최상의 경기 결과를 달성하기 위해 훈련 과정에서부터 경기가 종료된 이후까지 신체 컨디션의 증진과 회복을 위해 매우 중요하며, 이는 종목을 떠나 모든 골프선수에게 해당한다.

엘리트 스포츠 선수들의 영양 보조제 섭취는 근육 성장 및 발달, 피로 회복 등 경기력에 긍정적인 영향을 미치는 것으로 알려져 있으므로 선수들의 나이, 성별, 종목별로 빈도에 대한 차이를 나타내고 있을 뿐 섭취 종류의 차이는 없는 것으로 보고되고 있다. 다만 국내의 경우 국외와 유사한 경향을 나타낸다고 보고되고 있지만, 실제로 인삼, 홍삼, 허브 형태인 한약의 섭취 비율이 50% 가깝게 섭취되고 있어 국외와의 차이를 보이고 있다. 하지만 무엇보다 영양 보조제 보다 음식이 먼저 고려되어야 하기에 우선 식단을 긍정적으로 향상시킨 후 아래 표와 같이 허용되는 스포츠 영양 보조제를 먹는 것을 권장한다.

[스포츠 영양 보조제 예시]

제품	영양소	목적
스포츠 음료	수분, 탄수화물, 전해질	운동 동안 수분과 연료공급
고탄수화물 스포츠바	탄수화물, 단백질, 지방, 비타민, 무기질	운동 전이나 후에 간편하게 먹을 수 있는 휴대 가능한 에너지원 제공
젤 또는 꿀	탄수화물	신체활동 동안 또는 경기 사이에 사용할 수 있으며 쉽게 소화되는 연료원 제공
스포츠 콩 (젤리 콩에 전해질 추가된 것)	탄수화물과 전해질	신체활동 또는 경기 동안에 연료 제공
분리 단백질	통상적으로 유청 단백질 또는 콩 단백질	근육 증가를 위한 식이 단백질 섭취량을 보강하는 농축된 단백질 공급원의 제공
전해질	나트륨, 칼륨, 염화물	수분 균형 향상
종합 비타민 - 무기질 보충제	비타민과 무기질	식단 보강

이러한 허용된 보조 성분들이라고해서 모두 다 안전한 것은 아니기 때문에 각 회사별로 섭취전 안정성 및 품질을 확인할 필요가 있다. 그렇기 때문에 앞서 언급 했던 Labdoor 와 AIS를 활용해서 관련 정보를 지도자 및 선수는 미리 확인하고 이를 활용하는 것이 중요하다.

(2) Labdoor 와 AIS 검사 및 연구자료 활용

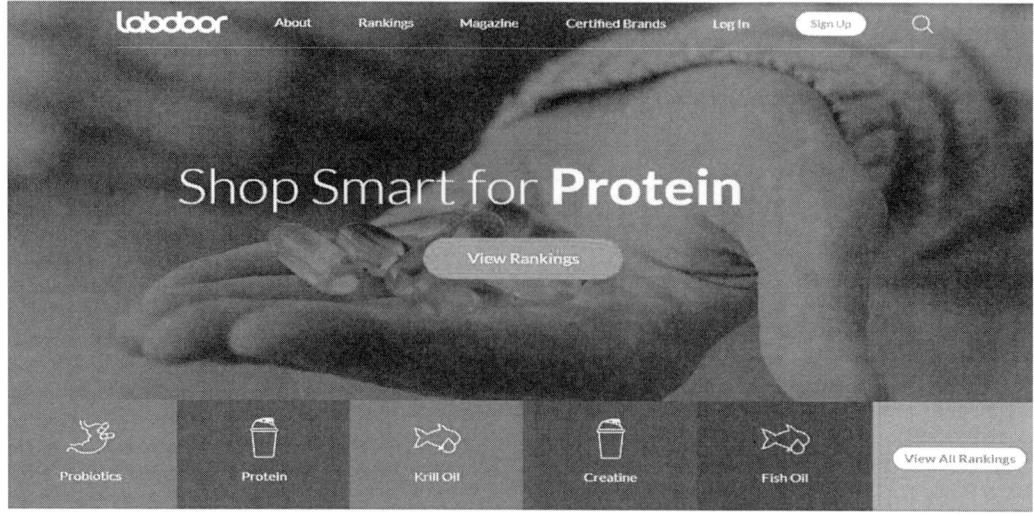

그림 26. 보충제 성분검사(https://labdoor.com/)

Labdoor는 소비자들이 사용하는 보충제와 건강 제품에 대한 성분 검사 및 품질 평가를 제공하는 독립적인 온라인 서비스이다. 이 플랫폼의 주요 목표는 소비자들이 더 안전하고 효과적인 제품을 선택할 수 있도록 신뢰할 수 있는 정보를 제공하는 것이다.

Labdoor의 주요 기능은 다음과 같다:
■ **제품 테스트 및 분석:** Labdoor는 보충제 제품을 독립적인 실험실에서 화학 분석을 통해 검사한다. 이 과정에서 제품에 포함된 성분의 정확성과 순도를 평가하며, 제품 라벨에 명시된 내용이 실제로 제품에 포함되어 있는지 확인한다.

■ **안전성 및 효능 평가:** Labdoor는 각 제품의 성분이 안전한지, 그리고 실제로 광고하는 바와 같은 효능을 제공할 가능성이 있는지를 평가한다. 이를 통해 소비자는 자신이 구매하고자 하는 제품이 얼마나 신뢰할 수 있는지 판단할 수 있다.

■ **등급 및 순위:** Labdoor는 검사 결과를 바탕으로 각 보충제 제품에 대해 등급을 매기고, 이를 기준으로 순위를 매긴다. 이 등급은 제품의 품질, 안전성, 라벨 정확성, 성분의 효능 등에 기반한다.

■ **소비자 친화적 정보 제공:** 소비자들이 제품을 쉽게 비교할 수 있도록, Labdoor는 각 제품의 장단점, 성분 분석 결과 등을 직관적으로 정리하여 제공한다. 이를 통해 지도자 및 선수들은 더 나은 정보를 바탕으로 구매 결정을 내릴 수 있다.

총 42가지 카테고리의 제품군을 랭킹 순으로 제공하고 있으며, 아래와 같은 제품군별로 각 항목별 영양성분별 가이드를 제공한다. 예를 들면 단백질(Protein)의 경우 유청 단백질이란 무엇이며,

어디에 좋은지 그리고 일반 성인 뿐만아니라 임산부 및 어린이 섭취시 안전한지에 관한 정보 또한 제공한다.

이외에도 채식주의자인 선수를 위한 비건 제품이 따로 존재 하기 때문에 이와 관련된 정보 또한 제공하며 얼마나 필요한지 기본적인 영양소별 지식과 보관 방법 등에 관해서 까지 제공하고 있기 때문에 이러한 부분을 잘 활용하기만 해도 지도자 및 선수는 큰 이점을 얻을 수 있을 것으로 사료되며, Labdoor는 독립적인 검사들로 제3자에 의해 수행되는 결과를 제공함으로, 제품 제조사들과의 이해 관계로부터 자유롭다는 점에서 큰 신뢰를 얻고 있다. 이러한 서비스는 보충제 시장의 투명성을 높이고, 지도자 및 선수들에게 보다 안전하고 신뢰할 수 있는 제품 선택의 기회를 제공한다.

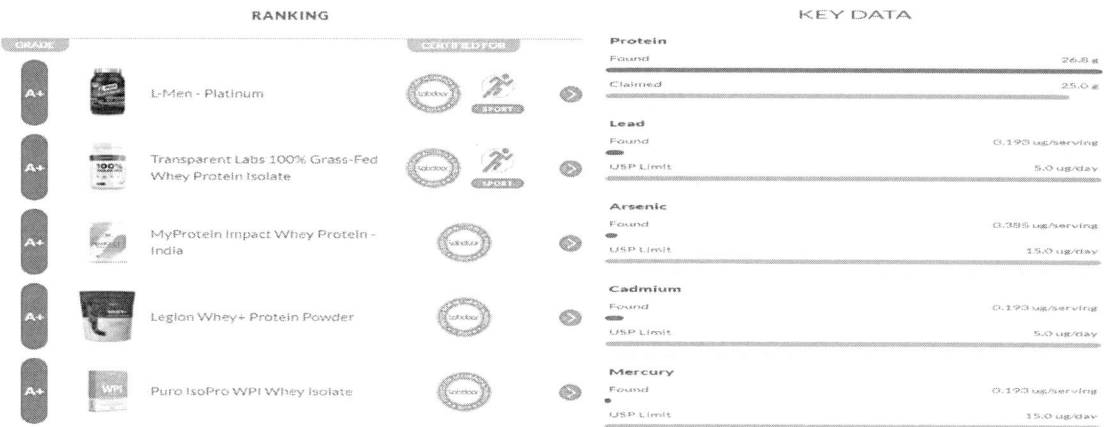

그림 27. Labdoor의 단백질 랭킹 및 제공 정보 예시

다음은 호주의 Australian Institute of Sport(AIS)에서 제공하는 Nutrition and Supplements는 스포츠 영양 및 보충제에 대한 신뢰할 수 있는 정보를 제공하는 플랫폼이다.

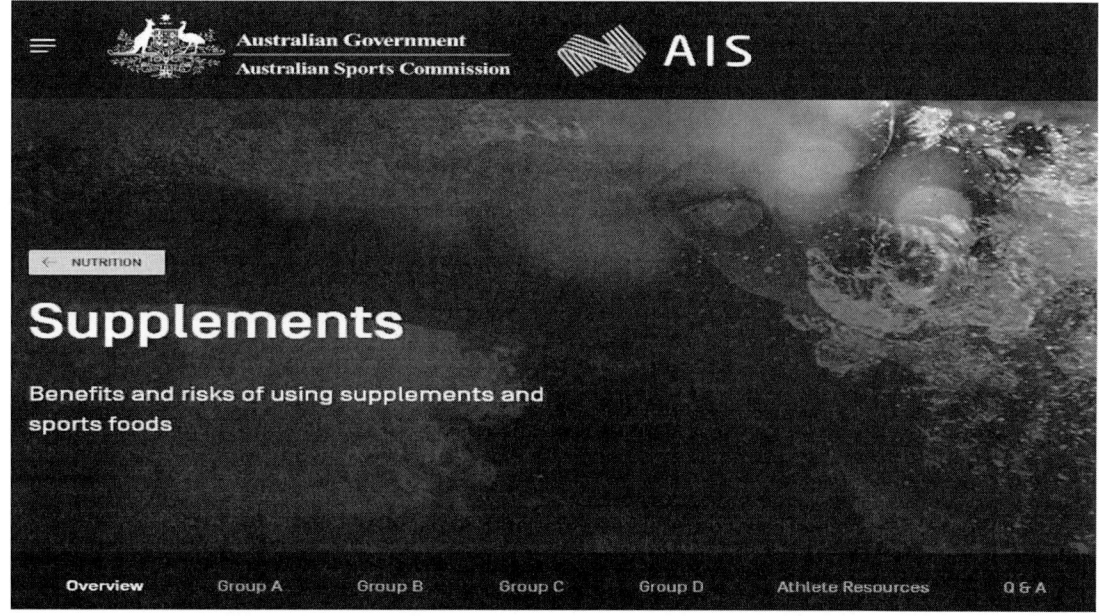

그림 28. 호주 AIS (https://www.ais.gov.au/nutrition/supplements)

AIS는 호주 스포츠 영양 전문기관으로, 스포츠 과학, 의학, 영양 등에 대한 연구와 교육을 통해

골프선수들의 경기력을 향상시키고 건강을 보호하는 데 주력하고 있다.

■ **이 웹페이지의 주요 특징은 다음과 같다:**

보충제 분류 시스템: AIS는 보충제를 A, B, C, D로 분류하는 시스템을 운영하고 있다. 이 분류는 보충제의 효능, 안전성, 그리고 관련 과학적 증거의 강도에 따라 이루어진다.

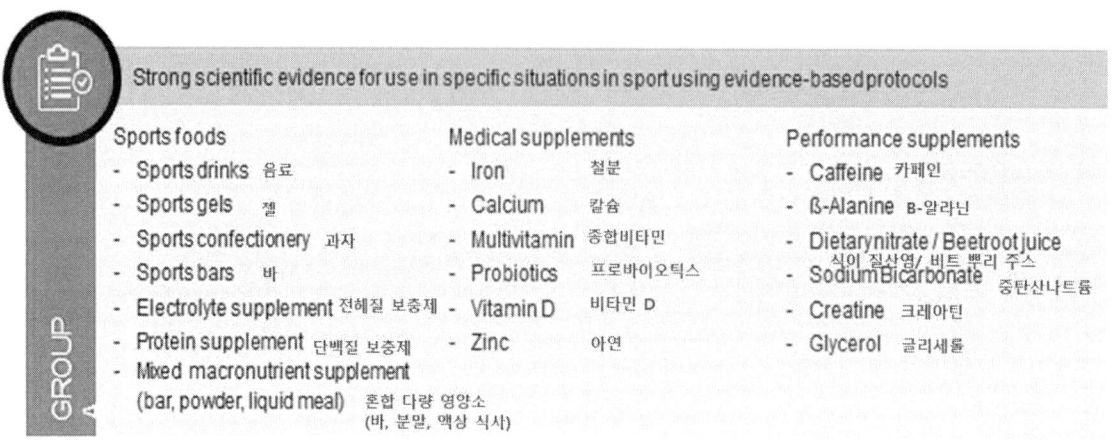

그림 29. 과학적 증거가 풍부하고 특정 상황에서 경기력 향상이나 건강에 유익할 수 있는 보충제 그룹(A 그룹).

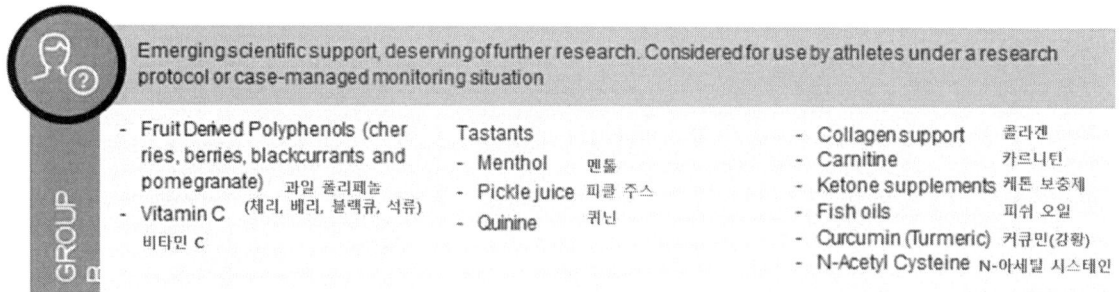

그림 30. 초기 연구가 긍정적이지만 추가적인 연구가 필요한 보충제 그룹으로 추가 연구가 필요하며, 상황에 따라 선수들에게 사용하도록 고려되는 그룹(B 그룹)

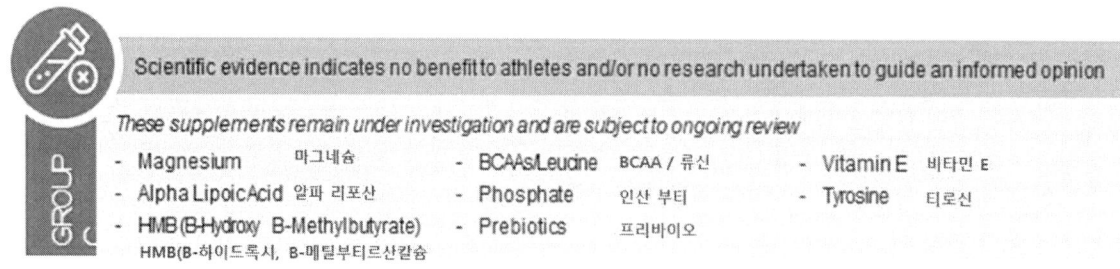

그림 31. 효과를 지지하는 과학적 증거가 부족한 보충제 그룹으로 근거가 부족하여 아직 연구 중이기 때문에 지속적인 후속 연구가 필요한 그룹(C 그룹)

그림 32. 사용이 권장되지 않으며, 도핑 테스트 양성 반응을 일으킬 수 있는 금지 약물 또는 부정적인 결과를 초래할 수 있는 위험이 있는 약물 및 보충제 그룹(D 그룹)

■ **교육 자료:** 웹페이지는 보충제와 영양에 대한 다양한 자료를 제공한다. 이는 골프선수와 코치, 스포츠 전문가들이 보충제 선택과 사용에 대한 올바른 결정을 내릴 수 있도록 돕는다. 또한, 특정 영양 전략이나 보충제의 효과에 대한 최신 연구 결과를 공유하여, 실제로 골프선수들이 현장에서 응용할 수 있도록 지원한다.

■ **안전성 및 도핑 관리:** AIS는 보충제 사용과 관련된 도핑 위험성에 대해 경고하고 있다. 어떤 보충제가 금지된 물질을 포함할 수 있는지, 그리고 이로 인해 선수들이 어떻게 위험에 처할 수 있는지에 대한 정보를 제공한다. 이는 선수들이 도핑 위반을 방지할 수 있도록 돕기 위한 중요한 부분이다.

■ **맞춤형 조언:** 다양한 스포츠 종목에 맞춘 영양 및 보충제 사용 가이드를 제공하여, 각 종목의 특성과 요구사항에 맞춘 영양 전략을 수립할 수 있도록 돕는다. 이를 통해 골프선수들은 자신의 종목에 맞는 최적의 영양 및 보충제 계획을 세울 수 있다.

AIS는 호주 뿐만 아니라 전 세계 골프선수, 코치, 그리고 스포츠 과학자들에게도 신뢰할 수 있는 정보를 제공하며, 올바른 보충제 선택과 안전한 사용을 촉진한다. 이러한 보조식품의 섭취는 또한 골프선수의 경기 전 식사 또는 간식에 포함된 음식과 수분의 유형, 시기, 양은 각 선수의 선호도 및 경험에 따라 개별화되어야 한다. 그리고 영양 섭취 시기를 최적화하는 것은 운동 선수들이 경기력과 장기적인 건강을 향상하게 시키는 데 도움이 된다.

즉, 시간에 따른 영양 섭취는 '타이밍'이며, '시즌'과 '비시즌' 또는 경기 전후에 따라 계획적으로 섭취량을 조절하는 것이 필요하다. 또한, 체중에 따른 영양 섭취도 중요한데, 경기 종목에 따라 해당 선수는 혹은 신체 기능 및 기량 증가를 위한 체중 조절(유지, 감량, 증가)은 체중 변화에 따라 총칼로리를 조절해야 한다. 체중 조절이 필요한 선수들의 경우 체중 측정을 위해 개인 맞춤형 측정 장치가 필요하다.

마지막으로 식습관 관리를 위한 환경은 경기장, 훈련장, 집과 같이 주변을 비롯해 종목 특성으로 인한 환경에 의한 여건 등을 고려하여 영양 섭취가 조절되어야 한다. 골프선수가 처한 환경에 따라 선택할 수 있는 영양이 제한적이며, 종목에 따라 영양 섭취 가능 여부가 결정된다.

개인종목의 경우 스포츠 영양 전략을 적용하려면 골프선수의 구체적인 특성을 신중하게 고려해야 한다. 이처럼 골프선수의 영양 평가의 주된 목적은 개인의 섭취량을 평가하여 부족한 점을 파악하고 가장 적절한 영양 계획을 설계하는 데 필요한 변화를 제안하는 것이다.

5. 종목 특성의 영양섭취 및 관리의 이해

■ 지구성 종목

지구성 종목은 무산소 에너지 생성 과정을 포함한 유산소 운동 수행 능력이 요구되며 주로 유산소성 에너지 시스템을 사용한다. 이는 1~4시간 동안의 지속적인 운동시간으로써 근육과 간에 저장된 탄수화물에 의해 공급되어진 포도당보다도 높은 에너지원이 요구된다. 지방산은 60% 강도 이하의 지속적 운동 수행 동안 많은 연료를 제공할 수 있으나, 지구성 종목은 근섬유의 에너지원으로서 탄수화물이 요구된다. 따라서, 탄수화물 보충이 미흡할 경우, ATP 생성 및 근막 흥분성을 보호하기 위한 에너지 제공 능력, 근 수축력 및 운동 수행 능력이 감소한다. 뿐만 아니라, 지구성 종목 훈련 시 운동수행력의 저하, 피로, 불안 징후 등의 원인으로 오버트레이닝을 꼽을 수 있다. 특히 장시간의 오버트레이닝은 뇌 세로토닌의 과활성화가 촉진되며 이는 피로 유발의 원인이 될 수 있다.

그림 33. 운동 능력들의 조합과 상호관계(Bompa, 1996)

1) 종목 특성에 따른 영양 섭취 권고

현재까지 종목별 선수를 대상으로 영양 섭취 현황 파악 및 종목별 에너지 소비량에 대한 연구가 극히 제한적이기 때문에 종목 특성에 따라 재구성하여 제시하고자 한다. 향후 명확한 가이드라인 권고를 위해서는 종목 특성뿐 아니라 평소 훈련량이나 장애 특성, 성별, 나이, 소화 상태, 생활 습관 등에 따라 섭취량을 조절할 필요가 있다.

본문에서 제시되는 주요 영양소는 탄수화물, 단백질, 지방, 수분 등이며, 특히 근육 증가를 위해서는 양질의 단백질이 중요하므로 닭가슴살, 생선, 해산물, 지방 함량이 낮은 육류 등의 섭취를 권고하고 있다.

■ 지구성 종목

지구성 운동에서 최상의 운동수행력을 위한 가장 중요한 두 가지 영양학적 고려 사항으로 먼저 시합 며칠 전 운동강도를 감소시키는 것이고, 이후 고탄수화물 식이와 더불어 시합 중 규칙적으로 음료를 섭취하는 것이다. 또한, 시합 전 영양 섭취는 적절한 수분 공급, 간에 저장된 탄수화물의 추가 공급, 소화계통의 문제 최소화 등을 위해 설정해야 한다.

선행 연구들에 따르면 훈련 2시간 이전일 경우는 베이글, 땅콩, 무지방 우유, 에너지 바, 소량의 지방 및 단백질을 아침으로 섭취하는 것을 권고하고 있다. 또한, 경기 전 1-2시간 사이에는 탄수화물 및 전해질 음료, 에너지 바, 과일 스무디 등 가벼운 간식을 섭취하도록 한다. 경기 1시간 이내는 전해질이 추가된 스포츠음료를 섭취할 것을 권장한다.

지구성 종목 훈련 중 탄수화물 섭취는 피로를 지연시키고 운동수행력을 향상시킬 수 있다. 만일 장시간 운동을 수행할 시, 탄수화물의 추가 섭취가 없다면 간의 포도당이 고갈되어 혈당 농도가 저하되며 근육의 불충분한 탄수화물 산화로 인해서 피로가 발생할 수 있다. ACSM의 영양과 선수 퍼포먼스에 관한 문헌에 따르면 75분 이하의 운동 수행 시 탄수화물 섭취 권고량은 시간당 30~60g이며, 2.5~3시간의 장시간 훈련 시 시간 당 90g까지의 탄수화물을 섭취할 것으로 권고하며, 탄수화물-전해질 음료, 에너지 바, 젤리, 과일 스무디 등 쉽게 섭취 가능한 액체 형태의 탄수화물을 추천 할 수 있다.

또한, 경기 과정에서 열 발생으로 인한 수분 손실을 방지하고자 15~30분마다 90~240ml의 스포츠음료, 전해질, 에너지 젤 섭취를 실시한다.

지구성 종목 훈련 후, 글리코겐 및 수분 보충을 통한 회복이 매우 중요하며, 45분 이내는 1~1.2g/kg의 탄수화물 및 단백질 회복 쉐이크, 무지방 우유를 넣은 과일 스무디를 추천할 수 있다. 또한 경기가 종료된 지 2시간 이후에는 탄수화물, 단백질, 지방이 적절하게 균형된 식사를 권고한다.

[지구성 종목 선수들을 위한 영양 섭취 가이드라인 예시]

운동시점	영양소	권고 기준	추천 식품
경기 전	탄수화물	(1-4시간 전) 소화가 잘 되는 1~4g/kg	베이글, 땅콩, 무지방 우유, 에너지 바, 소량의 지방 및 단백질 등
경기 중	탄수화물	(75분 이내 훈련) 30~60g/h의 탄수화물 섭취 (2.5~3시간) 장시간 훈련 시 90g/h 탄수화물 섭취	탄수화물-전해질 음료, 에너지 바, 젤리, 과일 스무디 등
	수분	15-30분마다 90-240ml 수분 섭취	스포츠음료, 물, 전해질, 에너지 젤 등
경기 후	탄수화물	(훈련 4시간 이내) 글리코겐 보충을 위해 시간 당 1~1.2g/kg의 탄수화물 섭취	과일 스무디, 쉐이크 등
	단백질	류신이 함유된 2-3g/kg 단백질 섭취	미트볼, 고단백 영양바, 단백질 파우더 보충제 등
	수분	훈련(시합)으로 인해 감량된 체중 1kg당 1.5L의 수분 섭취가 필요	

표 11. 한국도핑방지위원회 보충제 이용 주의사항

1. 위험성과 유용성을 판단할 것 운동보충제의 복용으로 인한 도핑방지규정위반 사례가 빈번하게 발생하고 있습니다. 운동보충제는 함유성분이 명확하지 않으며, 제조 과정에서 첨가 및 변조의 가능성이 있으므로 도핑에 대한 안전성 여부를 확인할 수 없음. ① **함유성분이 명확하지 않음** 라벨의 성분표시 의무가 의약품처럼 엄격하게 관리되지 않음. 라벨에 표시된 성분과 실제로 함유된 성분이 일치하지 않거나 성분표시 라벨에 누락된 성분이 포함되는 등 도핑에 대한 안전성 여부를 확인할 수 없음. ② **제조과정에서 첨가 및 변조 가능성** 성분표시 의무의 엄격한 관리를 제외하더라도 제조 및 품질관리의 기준이 통일되어 있지 않기 때문에 이로 인한 성분 오염 및 변질 가능성이 높음. 금지 성분이 포함되는 보충제 제조 공정과 금지 성분이 포함되지 않는 보충제 제조 공정이 적절하게 분리되지 않아 원재료가 뒤섞이는 경우가 대표적인 사례임 **2. 안전한 제품을 섭취할 것** 이물질이 섞이지 않은 순수한 비타민 또는 미네랄 성분 자체에는 금지약물이 포함되어 있지 않지만 '약초' 및 '천연적인' 등의 단어를 사용하는 건강보조제가 모두 절대적으로 안전한 제품은 아님. 정부의 엄격한 규제 하에 공식 허가를 받은 안전한 비타민 또는 미네랄 제품 사용을 권장함. 시장 및 인터넷에서 거래되는 성분 표기가 되어 있지 않은 제품들의 섭취는 각별한 주의가 요구됨. 지도자 또는 주변 동료가 권유하는 제품이라도 금지약물 포함 여부가 확실하지 않은 제품의 사용은 금물임.

(한국도핑방지위원회, http://www.kada-ad.or.kr/)

골프선수에서 다양하게 식품을 섭취해야 하는데 실제로 현장에서 선수촌을 제외하고는 실천율은 매우 낮은 편으로 생각되며, 영양 보조물 섭취 여부에 따라 실제 일부 영양소 섭취 상태나 식사의 질에는 차이를 확인해 보아야 한다. 운동 능력을 최대한으로 발휘하기 위해 사용되고 있는 영양보조물은 검증이 된 경우, 경기에 도움을 줄 수도 있겠으나 과도한 사용은 건강에 위험을 끼칠 수 있기 때문에 가능한 섭취의존도를 낮추고 정규식단을 강화하고 올바른 식생활 유도가 필요할 것으로 사료된다.

2) 추천 식사계획 작성법

식사계획은 영양이 부족하거나 과잉되지 않으면서 적절하게 영양을 공급할 수 있는 식사를 하도록 하는 것으로, 이는 개인이나 단체는 물론 정부의 식품보조 프로그램, 식사지침, 식품표시, 식품강화, 식품개발, 식품 안정 등 여러 분야에서 이용할 수 있다.

개인 또는 단체를 대상으로 하여 식사계획을 할 때 영양소 섭취기준의 각 기준치를 적절히 활용해서 영양부족이나 영양과잉의 확률이 낮은 식사를 계획해야 한다.

개인의 경우에는 식사계획의 목적을 권장섭취량이나 충분섭취량에 가까운 수준으로 섭취할 수 있도록 하는것이며, 단체의 경우에는 평균필요량이나 상한섭취량을 기준으로 하여 평상시 섭취 분포가 부족하거나 과잉의 위험이 적도록 식사계획을 세워야 한다.

[영양소 섭취기준을 이용한 식사계획 예시]

	개인을 대상으로 하는 경우	집단을 대상으로 하는 경우
평균필요량	개인의 영양섭취 목표로 사용하지 않음	평소 섭취량이 평균필요량 미만인 사람의 비율을 최소화하는 것을 목표로 함
권장섭취량	평소 섭취량이 평균필요량 이하인 사람은 권장섭취량을 목표로 함	집단의 식사계획 목표로 사용하지 않음
충분섭취량	평소 섭취량을 충분섭취량에 가깝게 하는 것을 목표로 함	집단에 있어서 섭취량의 중앙값이 충분섭취량이 되도록 하는 것을 목표로 함
상한섭취량	평소 섭취량을 상한섭취량 미만으로 함	평소 섭취량이 상한섭취량 이상인 사람의 비율을 최소화하도록 함

3) 개인의 식사계획 예시

질병이 없는 건강한 사람의 식사계획 시 1일 에너지필요량에 따라 탄수화물, 단백질, 지질의 에너지 적정비율을 충족하면서, 영양소 섭취량이 권장섭취량(권장섭취량이 없는 경우 충분섭취량)을 충족하면서 상한섭취량을 초과하지 않도록 함.

● **개인의 식사계획의 과정은 다음과 같음.**
- 개인에게 필요한 1일 에너지필요량 계산.
- 다량영양소 분배하고 영양소의 우선순위 결정.
- 1일 에너지필요량에 맞는 권장식사패턴을 활용하여 식사 계획.

● **개인에게 필요한 1일 에너지필요량 계산**
- 에너지필요량은 다음 예시 내 에너지 필요추정량 계산공식을 참고하여 키, 몸무게, 성별, 활동량을 고려하여 계산함. 과체중이거나 저체중인 사람은 바람직한 체중을 갖기 위한 1일 에너지 섭취량을 계산하며, 에너지필요량은 자신의 활동정도와 체중에 따라 다시 조정함

※에너지필요량 계산 공식

성인여자: $354 - 6.91 \times 연령(세) + PA[9.36 \times 체중(kg) + 726 \times 신장(m)]$

PA(신체활동계수): 1.0(비활동적), 1.12(저활동적), 1.27(활동적), 1.45(매우 활동적)

예시) 저활동을 하는 키가 157cm, 몸무게 60kg인 여성 : 에너지 필요추정량은 1,901.8kcal로 계산되며, 체질량지수는 24.3kg/m2로 과체중에 속함.
→ 이 여성이 키에 맞는 정상 범위의 체질량 지수 23kg/m2이 되기 위해 몸무게를 56.7kg으로 약 3kg 정도 체중을 감량해야 함.
→ 본인에게 맞는 에너지 필요추정량을 섭취하여 영양소의 불균형을 초래할 수 있는 무리한 식이제한 없이 활동 강도를 높여 서서히 정상체중으로 감량을 권장함

- 다량영양소를 분배하고 영양소 우선순위 결정
  - 전체 필요에너지의 다량영양소 비율은 탄수화물 55~65%, 단백질 7~20%, 지질 15~30% 범위 내에서 배분. 비타민과 무기질의 필요량의 경우 권장섭취량(또는 충분섭취량)을 기준으로 정함

- 1일 에너지필요량에 맞는 권장식사패턴을 활용한 식사계획
  - 권장식사패턴을 활용하여 계산된 1일 에너지필요량에 맞는 식사패턴을 선택함.
  - 유지·당류는 조리 시 첨가되므로 세 끼 배분표에서 분배하지 않음. 별도로 섭취하거나 조리 시 과도하게 첨가하여 하루 섭취량을 초과하지 않도록 유의해야 함. 조리 외 별도로 섭취되는 커피믹스 한 봉지의 설탕은 유지·당류 1회 섭취 분량에 해당하므로 과도하게 섭취하지 않도록 주의가 필요함.
  - 채소류는 비타민, 무기질 및 식이섬유 섭취를 위해 각 끼니마다 3회 이상 섭취하는 것을 권장.
  - 식품군별 1인 1회 분량에서 배분된 식품군별 섭취횟수를 고려하여 식품을 선택하여 끼니별 식단 메뉴를 구성함

표. 성인 하루 1,900kcal 섭취를 위한 식품군 및 끼니별 식단구성표

	섭취횟수	아침	점심	저녁	간식
곡류	3회	1 쌀밥 1공기	1 소면 90g	1 잡곡밥 1공기	
고기·생선·달걀·콩류	4회	1.5 닭고기 60g 돼지고기 30g	1 달걀 60g	1.5 대구 70g 두부 40g	
채소류	8회	2.5 파 1/2회 브로콜리 1/2회 미역줄기 1/2회 깍두기 1접시	2.5 열무김치 1/2접시 당근 1/2회 양파 1/2회 동치미 1접시	2 무 1/2회 숙주나물 1/2접시 배추김치 1접시	1 방울토마토 70g
과일류	2회		1 오렌지 1/2개		1 키위 1개
우유·유제품류	1회				1 우유 컵(200mL)
유지·당류	4회	유지 및 당류는 조리 시 가급적 적게 사용 할 것을 권장함			

*유지·당류는 조리 시 소량씩 사용하되 커피믹스나 단음료 섭취 시 그 양을 포함시켜야 함.

표. 성인 하루 1,900kcal 식단의 예시

식품군별 권장횟수	식단	아침 쌀밥 닭곰탕 돼지고기브로콜리볶음 미역줄기나물 깍두기	점심 열무비빔국수 삶은달걀 채소튀김 동치미 오렌지	저녁 잡곡밥 대구탕 두부조림 숙주나물 배추김치	간식 방울토마토 키위 우유
곡류	3회	쌀밥 210g(1)	소면 90g(1)	잡곡밥 210g(1)	
고기·생선·달걀·콩류	4회	닭고기 60g(1) 돼지고기 30g(0.5)	달걀 60g(1)	대구 70g(1) 두부 40g(0.5)	
채소류	8회	파 35g(0.5) 브로콜리 35g(0.5) 미역줄기 35g(0.5) 깍두기 40g(1)	열무김치 20g(0.5) 당근 35g(0.5) 양파 35g(0.5) 동치미 40g(1)	무 35g(0.5) 숙주나물 35g(0.5) 배추김치 40g(1)	방울토마토 70g(1)
과일류	2회		오렌지 100g(1)		키위 100g(1)
우유·유제품류	1회				우유 200mL(1)
유지·당류	4회	유지 및 당류는 조리 시 가급적 적게 사용할 것을 권장함			

*( ) : 섭취횟수

6. 경기 전 / 중 / 후 수분 및 영양 섭취 가이드

그림 34. 영양 섭취 가이드(스포츠과학밀착지원팀 체력 & 컨디셔닝)

● 수분 및 영양 섭취가 부족하면?

■ 경기력 감소

적절한 영양 섭취가 이루어지지 않으면, 근육 내 글리코겐 고갈 및 저혈당으로 인해 최적의 경기력을 발휘할 수 없게 된다.

■ 면역시스템 문제

강도 높은 운동은 스트레스 호르몬의 생성을 촉진하여 면역시스템을 위협할 수 있고 저혈당은 경기력을 충분히 발휘할 수 없게 만들며, 부상 및 염증에 취약하게 만든다.

■ 더딤 회복 시간

적절한 영양 및 수분 섭취가 이루어지지 않으면 근육 조직에 완전히 회복되는데 24시간까지 걸릴 수 있다.

■ 체중 감소

충분한 영양 및 수분 섭취가 이루어지지 않으면 지방량 감소뿐만 아니라 높은 수준의 경기력을 유지하는 데 필요한 근육량도 함께 감소한다.

7. 골프선수의 식사 및 건강관리 제안 지침

[골프선수의 식사 및 건강관리 제안 지침]

실천 방안 및 주요 영양소와 급원식품 - 실천 tip		
1. 다양한 식품을 골고루 섭취한다.		
■ 매끼니 채소를 섭취 ■ 매일 1~2회 이상 우유 및 유제품을 섭취한다. ■ 매일 과일을 1~2회 꼭 섭취하도록 한다.	- 다양한 색깔의 각종 채소를 1회 70g이상씩 섭취(샐러드, 나물, 볶음, 국 등의 형태) - 우유, 치즈, 호상 요구르트, 아이스크림- 사과, 귤, 포도, 오렌지 등	1. 매끼니 색이 다른 채소 반찬이 있는지 체크하세요. 2. 우유는 의무적으로 최소 1일 1컵 이상 섭취하세요. 3. 갖고 다니기 편리한 과일을 1개 이상 지참하세요.
2. 정크 푸드 (Junk food)와 즉석식품(인스턴트 식품)의 섭취를 줄인다.		
■ 지나친 당분 지나친 지방 지나친 염분 많은 식품첨가물 ■ 대표적인 정크 푸드로는 탄산음료, 감자튀김, 햄버거 등 ■ 대표적인 즉석식품으로는 라면, 즉석 국밥 등		
3. 올바른 식생활 습관을 형성한다.		
■ 식사를 거르지 말고, 규칙적으로 먹는다. ■ 아침식사는 꼭 챙기세요 ■ 폭식이나 과식을 하지 않도록 하세요.		

＊시합 당일 영양

시합 전 : 개인에 따라 다소 차이가 있지만, 시합 전의 식사는 시합 중의 에너지원으로서도, 또 컨디션을 조절하는 데에도 중요한 역할을 한다.

베스트 컨디션으로 시합에 임하기 위한 시합 당일의 식사에서의 주의점
① 근육과 간에 글리코겐을 충분히 저장. → 시합 전의 식사에서는 탄수화물이 충분하고 소화가 잘되는 식품부터 섭취 ② 소화에 시간이 걸리는 식사는 피한다. → 지방은 소화에 시간이 걸리지만, 경기시간이 긴 종목에는 어느 정도 필요. ③ 장 속에 가스가 차는 식사는 피한다. ④ 충분히 소화할 수 있도록 시합 2~3시간 전에 식사를 마친다. → 공복감이 억제되어 혈중 포도당이나 인슐린 등 호르몬의 양이 안정된다. 아침 일찍 시합이나 레이스를 하게 되더라도 반드시 아침 식사를 해야 한다.

제5장. 효과적인 수면전략

제5장. 효과적인 수면전략

1. 수면(Sleep)과 회복의 중요성

　수면은 감각 지각의 조절과 상실이 반복적으로 일어나는 자연적인 상태이며, 무의식, 무의식에서 깨어남, 외부의 자극에 반응할 수 있는 상태로 구분된다. 수면 사이클은 얕은 수면 단계인 1단계, 2단계와 깊은 수면 단계인 3단계, 4단계 그리고 램(Rapid Eye Movement, REM) 수면 단계로 나뉜다. 얕은 수면 단계는 전체 수면의 50%를 차지하며 의식 상태가 능동에서 수동으로 전환되는 단계이다. 또한, 주변 환경에 대한 의식적 인식이 서서히 줄어들게 되지만, 각성 상태로의 전환은 신속하게 일어날 수 있는 단계이다. 깊은 수면 단계는 전체 수면의 20%를 차지하며 골 근육이 이완되어 종종 코를 골기 시작할 수 있다. 또한, 심박수, 심박출량 등 심혈관 활동이 줄어들지만 조직재생을 위한 호르몬 분비는 증가하게 되는 단계이다.

　램 수면 단계는 일반적으로 우리가 꿈을 꾸는 단계라고 하며, 깊은 수면 80~100분 이후에서 부터 시작된다. 이후 램 수면 간 인터벌이 서서히 짧아지며 최종적으로 잠에서 깨어나게 된다.
수면의 이점에 대한 이론을 살펴보면 1) 수면은 면역과 내분비계통에 효과적이다. 2) 신경계 또는 대사 소비에 효과적이다. 3) 수면은 학습기억 및 시냅스의 가소성에 중요한 역할을 한다.
특히, 운동선수들에게 있어 수면은 생물학적 기능 회복 과정에서 매우 중요하다.

2. 수면부족(Sleep Deprivation)과 운동수행능력의 상관관계

　수면 부족은 수의적 또는 비자발적 불면, 일주기 리듬 수면 장애를 포함하여 수면의 양이나 질이 불충분하여 발생하는 상태를 말하며, 수면 부족으로 야기될 수 있는 생리학적, 인지적 변화는 다음과 같다. 또한, 운동선수들의 수면장애에 기여하는 스포츠관련 요인과 스포츠 비관련 요인은 아래 그림에 제시된 바와 같다.

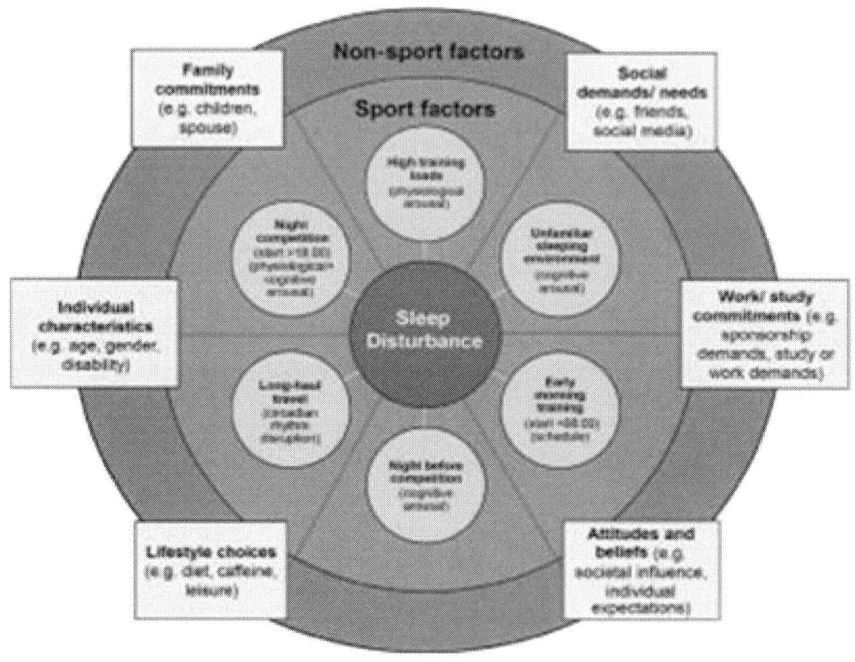

그림35. 운동선수의 수면장애에 기여하는 요인(스포츠 관련 요인과 스포츠 비관련요인)
출처: Neil P Walsh et al. Br J Sports Med 2021;55:356-368

- 에너지 소비량 증가로 인한 근글리코겐 감소
- 회복 지연 및 성장호르몬 감소
- 자율신경계의 변화(교감신경 흥분)
- 염증지표 증가
- 운동 중 혈역학 변화 및 증발과 건조에 따른 열 손실
- 졸음 증가, 피로, 활력 감퇴
- 선택반응지연, 단기기억감소, 복잡한 기술 수행능력 저하

3. 효과적인 수면 관리법

▶ 운동선수들의 효과적인 수면을 위해서는 아래 내용을 숙지해야 한다.
- 고강도 운동은 오후 6시 이전에 끝낸다.
- 규칙적인 수면 패턴을 만든다.
- 카페인이 포함된 음료 섭취는 점심 식사 이후 피하고, 음식 및 수분 섭취를 조절한다.
- 잠자리 환경을 조용하고 어둡게 만든다.
- 명상을 통해 걱정 및 스트레스를 관리한다.
- 효과적인 수면을 위한 최적의 자세(relaxed position)을 만든다.

참고문헌

1. 최인호, 이영민 (2011). 스윙 메카닉스를 기반으로 한 골프손상의 이해. 영창출판사.
2. 신임호 (2013). 몸 망치는 골프 몸 살리는 골프. 교보문고.
3. 서경묵 (2021). 젊어지는 골프. 메디컬월드뉴스.
4. 팀 데스런 (2023). 데스런 골프 트레이닝 가이드 BASIC. 교보문고.
5. 아날로그 닥터 (2022). 골프 경기력 향상 및 부상 방지를 위한 골프 재활 및 운동 치료. 유페이퍼.
6. 스가와라 다이치 (2022). 골프 스윙 최강의 교과서. 삼호미디어.
7. 김철수 (2018). 골프 부상 예방과 재활 가이드. 스포츠메디컬북스.
8. 이승현 (2019). 골프 손상 평가와 재활 프로그램. 대한스포츠의학회.
9. 박지훈 (2020). 골프 재활 트레이닝의 실제. 한솔의학서적.
10. 정민수 (2021). 골프 손상과 재활: 이론과 실제. 대한미디어.
11. 이영민 (2017). 골프 재활 트레이닝의 기초와 응용. 운동과학출판사.
12. 김지훈 (2019). 골프 손상 예방과 재활 전략. 스포츠사이언스.
13. 박영식 (2019). 골프 과학: 기술과 생체역학의 통합. 스포츠사이언스.
14. 이재훈 (2020). 골프 트레이닝 바이블: 부상 예방과 경기력 향상. 스포츠북스.
15. 마이클 보이드 (2021). 골프 피트니스와 재활: 통합적 접근. 바디케어 출판사.
16. 안토니오 카펠라 (2020). 골프 엘보우와 재활: 실전 가이드. 현대출판사.
17. 제임스 워커 (2018). 골프의 기능적 트레이닝: 부상 회복과 예방의 혁신. 스포츠와 건강.
18. 김지훈, 정민수 (2021). 골프 운동학: 이론과 실제. 대한미디어.
19. 토니 펄먼 (2022). 스윙을 위한 코어 트레이닝. 스포츠클리닉.
20. 제프리 윌슨 (2019). 프로 골퍼의 재활 사례와 훈련 전략. 한솔미디어.
21. 이동철 (2020). 골프 상해 예방과 치료: 트레이너와 선수를 위한 실전 매뉴얼. 스포츠메디컬.
22. 스콧 로버트슨 (2023). 골프를 위한 기능적 움직임과 재활운동. 헬스케어북스.
23. 박민호 (2020). 골프 트레이닝과 경기력 향상 프로그램. 코칭북스.
24. 최현석 (2018). 골프와 스포츠 상해: 부상과 재활의 통합적 접근. 메디컬스포츠북스.
25. 이준영 (2022). 골프 스윙 역학과 운동 과학. 골프미디어.
26. 김수연 (2019). 골프선수를 위한 근력 및 유연성 훈련 매뉴얼. 스포츠코칭출판사.
27. 존 맥킨리 (2021). 골프의 부상 예방과 기능성 운동. 스포츠리더.
28. 박재훈 (2020). 골프 선수의 재활 트레이닝 실제 사례. 한스미디어.
29. 스티븐 콜린스 (2018). 골프 트레이닝의 핵심 원리. 피트니스북스.
30. 이승현 (2021). 골프 엘보우 재활 운동과 예방 전략. 스포츠재활연구소.
31. 대한당뇨병학회(2016) Joint position of the five-specialized academic societies on the low-carbohydrate and high-fat diet craze.
32. 서혜정, 임기원, 천우광, 타무라(2011). 운동수행능력 향상을 위한 지방산화 촉진 식품 탐색. 한국연구재단.
33. 이승림(2008). 금지약물과 TUE. 한국도핑방지위원회.
34. 조정숙, 이옥희(2006). 보디빌딩과 역도선수의 영양 보충제 복용 실제. 한국운동영양학회 춘계학술대회, 18, 25-32.
35. 천윤석 외(2005). 유도 선수들의 운동 영양 보조물 섭취형태와 도핑의식. 운동영양학회지, 9(3), 247-252.
36. 한국도핑방지위원회(2008). 도핑검사관 양성교육 교재. 한국도핑방지위원회.
37. Adam&Perrot, A., Clifton, P., & Brouns, F. (2006). Low&carbohydrate diets: nutritional and physiological aspects. Obesity reviews, 7(1), 49-58.
38. Alderman, B. L., Landers, D. M., Carlson, J. O. H. N., & Scott, J. R. (2004). Factors related to rapid weight loss practices among international-style wrestlers. Medicine & Science in Sports & Exercise, 36(2), 249-252.
39. Amabile, T. M. (1993). Motivational synergy: Toward new conceptualizations of intrinsic and extrinsic motivation in the workplace. Hum Resour Manag Rev, 3, 185-201.
40. American College of Sports Medicine. (1998). Position stand on exercise and fluid replacement. Medicine and Science in Sports and Exercise, 28, i-vii.
41. Austin, K. G., & Seebohar, B. (2011). Performance nutrition: Applying the science of nutrient timing. Human Kinetics.
42. Baker, L. B., Heaton, L. E., Nuccio, R. P., & Stein, K. W. (2014). Dietitian-observed macronutrient intakes of young skill and team-sport athletes: Adequacy of pre, during, and post-exercise nutrition. International Journal of Sport Nutrition and Exercise Metabolism, 24, 166-176.
43. Bandura, A. (1986). Social Foundations of Thought and Action. Englewood Cliffs, NJ.
44. Below, P. R., Mora-Rodriquez, R., Gonzalez-Alonso, J., & Coyle, E. F. (1995). Fluid and carbohydrate ingestion independently improve performance during 1 h of intense exercise. Medicine and Science in Sports and Exercise, 27, 200-210.
45. Bompa, T. O. (1996). Variations of periodization of strength. Strength & Conditioning Journal, 18(3), 58-61.
46. Brito, C. J., Roas, A. F. C. M., Brito, I. S. S., Marins, J. C. B., Cordova, C., & Franchini, E. (2012). Methods of body-mass reduction by combat sport athletes. International journal of sport nutrition and exercise metabolism, 22(2), 89-97.
47. Caine, D. J., Harmer, P. A., & Schiff, M. A. (Eds.). (2009). Epidemiology of injury in olympic sports. John Wiley & Sons.
48. Davis, J. M., & Bailey, S. P. (1997). Possible mechanisms of central nervous system fatigue during exercise. Medicine and science in sports and exercise, 29(1), 45-57.
49. Devlin, B. L. (2016). Dietary intake, body composition, and nutrition knowledge of Australian football and soccer players: Implications for sports nutrition professionals in practice. International Journal of Sport Nutrition and Exercise Metabolism, 27, 130-138.
50. FITNESS, J. (2024). A Recognition of Walter Thompson. ACSM's Health & Fitness Journal.